刘伯温传说

总主编 杨建新

浙江省非物质文化遗产代表作丛书

浙江摄影出版社

陈炳云 主编

叶和君 曾娓阳 陈胜华 编著

总　序

浙江省人民政府省长　夏宝龙

　　非物质文化遗产是人类历史文明的宝贵记忆，是民族精神文化的显著标识，也是人民群众非凡创造力的重要结晶。保护和传承好非物质文化遗产，对于建设中华民族共同的精神家园、继承和弘扬中华民族优秀传统文化、实现人类文明延续具有重要意义。

　　浙江作为华夏文明的发祥地之一，人杰地灵，人文荟萃，创造了悠久璀璨的历史文化，既有珍贵的物质文化遗产，也有同样值得珍视的非物质文化遗产。她们博大精深，丰富多彩，形式多样，蔚为壮观，千百年来薪火相传，生生不息。这些非物质文化遗产是浙江源远流长的优秀历史文化的积淀，是浙江人民引以自豪的宝贵文化财富，彰显了浙江地域文化、精神内涵和道德传统，在中华优秀历史文明中熠熠生辉。

　　人民创造非物质文化遗产，非物质文化遗产属于人民。为传承我们的文化血脉，维护共有的精神家园，造福子孙后代，我们有责任进一步保护好、传承好、弘扬好非物质文化遗产。这不仅是一种文化自觉，是对人民文化创造者的尊重，更是我们必须担当和完成好的历史使命。对我省列入国家级非物质文化遗产保护名录的项目一项一册，编纂"浙江省非物质文化遗产代表作丛书"，就是履行保护传承使命的具体实践，功在当代，惠及后世，有利于群众了解过去，以史为鉴，对优秀传统文化更加自珍、自爱、自觉；有利于我们面向未来，砥砺勇气，以自强不息的精神，加快富民强省的步伐。

党的十七届六中全会指出，要建设优秀传统文化传承体系，维护民族文化基本元素，抓好非物质文化遗产保护传承，共同弘扬中华优秀传统文化，建设中华民族共有的精神家园。这为非物质文化遗产保护工作指明了方向。我们要按照"保护为主、抢救第一、合理利用、传承发展"的方针，继续推动浙江非物质文化遗产保护事业，与社会各方共同努力，传承好、弘扬好我省非物质文化遗产，为增强浙江文化软实力、推动浙江文化大发展大繁荣作出贡献！

前　言

浙江省文化厅厅长　杨建新

　　"浙江省非物质文化遗产代表作丛书"的第二辑共计八十五册即将带着墨香陆续呈现在读者的面前，这些被列入第二批国家级非物质文化遗产保护名录的项目，以更加丰富厚重而又缤纷多彩的面目，再一次把先人们创造而需要由我们来加以传承的非物质文化遗产集中展示出来。作为"非遗"保护工作者和丛书的编写者，我们在惊叹于老祖宗留下的文化遗产之精美博大的同时，不由得感受到我们肩头所担负的使命和责任。相信所有的读者看了之后，也都会生出同我们一样的情感。

　　非物质文化遗产不同于皇家经典、宫廷器物，也有别于古迹遗存、历史文献。它以非物质的状态存在，源自于人民的生活和创造，在漫长的历史进程中传承流变，根植于市井田间，融入百姓起居，是它的显著特点。因而非物质文化遗产是生活的文化，百姓的文化，世俗的文化。正是这种与人民群众血肉相连的文化，成为中华传统文化的根脉和源泉，成为炎黄子孙的心灵归宿和精神家园。

新世纪以来，在国家文化部的统一部署下，在浙江省委、省政府的支持、重视下，浙江的文化工作者们已经为抢救和保护非物质文化遗产做出了巨大的努力，并且取得了丰硕的成果和令人瞩目的业绩。其中，在国务院先后公布的三批国家级非物质文化遗产名录中，浙江省的"国遗"项目数均名列各省区第一，蝉联三连冠。这是浙江的荣耀，但也是浙江的压力。以更加出色的工作，努力把优秀的非物质文化遗产保护好、传承好、利用好，是我们和所有当代人的历史重任。

编纂出版"浙江省非物质文化遗产代表作丛书"，是浙江省文化厅会同财政厅共同实施的一项文化工程，也是我省加强国家级非物质文化遗产项目保护工作的具体举措之一。旨在通过抢救性的记录整理和出版传播，扩大影响，营造氛围，普及"非遗"知识，增强文化自信，激发全社会的关注和保护意识。这项工程计划将所有列入国家级非物质文化遗产保护名录的项目逐一编纂成书，形成系列，每一册书介绍一个项目，从自然环境、起源发端、历史沿革、艺术表现、传承谱系、文化特征、保护方式等予以全景全息式的纪录和反映，力求科学准确，图文并茂。丛书以国家公布的"非遗"保护名录为依据，每一批项目编成一辑，陆续出版。本辑丛书出版之后，第三辑丛书五十八册也将于"十二五"期间成书。这不仅是一项填补浙江民间文化历史空白的创举，也是一项传承文脉、造福子孙的善举，更是一项需要无数人持久地付出劳动的壮举。

在丛书的编写过程中，无数的"非遗"保护工作者和专家学者们为之付出了巨大的心力，对此，我们感同身受。在本辑丛书行将出版之际，谨向他们致上深深的鞠躬。我们相信，这将是一件功德无量的大好事。可以预期，这套丛书的出版，将是一次前所未有的对浙江非物质文化遗产资源全面而盛大的疏理和展示，它不但可以为浙江文化宝库增添独特的财富，也将为各地区域发展树立一个醒目的文化标志。

时至今日，人们越来越清醒地认识到，由于"非遗"资源的无比丰富，也因为在城市化、工业化的演进中，众多"非遗"项目仍然面临岌岌可危的境地，抢救和保护的重任丝毫容不得我们有半点的懈怠，责任将驱使着我们一路前行。随着时间的推移，我们工作的意义将更加深远，我们工作的价值将不断彰显。

2012年5月

目录

元明之际的刘基（伯温），因其卓越的才秉、高洁的品行、通究天人的学术而被庙堂与民间有意无意地神化了。因此，历史上真实的刘基与后来被神化了的刘伯温，既有差异而又有些许相通的神韵，其中包蕴着丰富的历史文化信息。但是，由于民间对刘伯温的神化众彩纷呈，内容十分丰富和复杂，并呈现了明显的区域差异。全面分析研究刘基神化传说的内容既需要较深的学养，又需要大量的调查工作，而神化形成的原因则更加幽微难辨。因此，虽然有学者对刘基被神化这一历史现象进行了研究，但仍然有诸多问题尚未得到澄清，尤其是对于历史上真实的刘基与神化的刘伯温之间的区别与联系，更有待于深入探讨。而民间传说在某种程度上正包蕴着历史与神化两方面的因子，因此，研究刘伯温传说，并通过传说考察其文化根源，则具有独特的价值。《浙江省非物质文化遗产代表作丛书——刘伯温传说》正是这一研究领域的一项新成果。

与过去学界着重讨论刘基被神化的政治历史因素有所不同，该书重在探讨刘伯温传说的民间因素。该书将民间因素作为刘基被神化的重要原因，并系统地分析了刘伯温传说与民间道德、民间智慧、民间信仰的关系。书中认为，刘伯温的神化固然与庙堂之上的需要有关，但更关键的因素则在于民间，因为"只有那些符合民众口味、情趣的，契合民众心灵的，才有可能被他们所接受、所传讲，才有可能成为传说"。作者还将民间传说与小说等文学作品（诸如《英烈传》）中的刘伯温形象进行了比较，有力地说明了小说中神化的刘基，体现的乃是"个体"意识，而广为流布的民间传说，体现的则是民众的"集体"意识。因此，作者得出了这样的结论："刘伯温传说的土壤在于乡土社会，源头在于广大民众，而不是上层社会和少数文人。"这样的分析是合理的，论证的方法是严谨且科学的。尤其值得指出的是，作者并没有囿于刘伯温传说本身做简单的归类铺陈，而是通过刘伯温传说来窥探民众的心灵史。诚如作者所言："我们之所以要将刘伯温或刘伯温传说作为一个窥探明清以来民众心灵的窗口，是因为它更具有典型意义罢了：刘伯温是一个'箭垛'式的角色，刘伯温传说的流布之广、数量之多、内容之丰富、影响之深远，是其他人物类传说所难以比拟的。从中，我们能窥探到民众心灵的整个世界。"同时，作者还结合历史地理学，对刘伯温传说进行了区域分析，探讨了区域文化对于民间传说的影响，显示了作者敏锐的史学眼光。

　　刘伯温传说是一个重要的历史文化现象，相信这一著作对刘基文化研究必然会起到积极的推动作用。

　　（周群，南京大学文学院博士生导师，中国思想家研究中心副主任，"中国思想家评传丛书"之《刘基评传》著者。）

刘伯温传说的源流

刘伯温传说是以明朝开国元勋刘基的事迹为原形，经民众口头流传、长期演绎而成的民间文学作品。在传播过程中，后人不断添枝加叶，穿凿附会，神化编造，产生了更多离奇怪诞的传说故事。

刘伯温传说的源流

　　"刘伯温传说"是以中国历史上辅佐明朝开国皇帝朱元璋完成帝业、开创一代大明王朝而驰名天下的刘基的事迹为基础内容，经广大人民群众口头流传形成的民间文学作品。伯温是刘基的字，是民众对刘基常用的称呼，民间也有直接尊称刘伯温为"刘国师"的。刘伯温是一位被历代文人和民间极度渲染附会并神化而家喻户晓的传说人物。人们以历史上的刘基为依据，充分发挥自己的想象创造出一个具有神话色彩的形象，寄寓自己的理想、观念和情感。

　　在民间传说里，刘伯温被视为智慧的象征，蒙上浓厚的神秘色彩。他运筹帷幄、纵横捭阖，所经之战争无一不胜，所理之政务无一不清，有着子房之策、孙膑之谋、孔明之才；他上知天文，下知地理，能掐会算，呼风唤雨，"前知五百年、后知五百年"。他是与姜子牙、诸葛亮齐名的中国历史上三大军师之一，而在建功立业方面甚至比诸葛亮更胜一筹，故有"三分天下诸葛亮，一统江山刘伯温"之说。

　　刘伯温传说影响深远，在他的家乡浙南一带可以说达到家喻户晓、妇孺皆知的程度。传说流传广泛，以刘伯温出生地为中心，凡他当年活动过的地方，几乎都有他的传说故事。随着文化的传播，有的甚至流传到韩国、日本及东南亚国家。

刘伯温传说中的故事，或讲述其胸怀大略、足智多谋，或讲述其关心百姓疾苦，或讲述其为官清廉、执法如山，反映了劳动人民对正义、友情和美好生活的向往和追求，对善良智慧的赞美，对邪恶的憎恨，充分体现了中华民族的聪慧机智、疾恶如仇、正直正义的品格和美德，也体现了我国传统文化的深厚底蕴，影响深远。

[壹]刘伯温传说的起源

历史人物刘基，字伯温（1311—1375年），浙江青田（其出生地南田镇，今属文成县）人。十四岁进处州（今浙江丽水）郡学，十七岁拜名儒郑复初为师，在石门洞攻读，二十三岁中进士，二十六岁步入仕途，

刘基像（青田林坑刘基后裔家藏明代画像）

先后任江西行省高安县丞、江浙行省儒学副提举等职，为官清廉正直。曾受命参与镇压方国珍部，任处州路总管府判。因不与兵事，愤而辞官还乡，在四十八岁那年弃官归隐。元至正二十年，五十岁时应朱元璋之邀，辅佐朱元璋，"及太祖下金华，定括苍，闻基及宋濂等名，以币聘。基未应，总制孙炎再致书固邀之，基始出。"（《明史·刘基传》）

被朱元璋聘至应天（南京）充任谋臣后，刘伯温针对当时形势力陈时务十八策，先后提供了好几个关键性的军事策略，如先灭陈友谅，与张士诚、方国珍暂时妥协，避免两线作战，各个击破等，为朱元璋所采纳。朱元璋先后攻灭陈友谅、张士诚、方国珍等势力，多按刘基的计策行事。他运筹帷幄，屡建奇功，立下不朽功勋。明朝建立后，刘伯温又帮助朱元璋制定《大明律令》等，功勋卓绝。生前被封为开国翊运守正文臣、赞善大夫、护军、诚意伯，被尊为"帝师"。

刘基逝世后，明朝廷追封刘伯温太师衔，谥号文成。而后明朝几任皇帝又分别对刘伯温及其后人进行册封。后人也对他赞誉有加，说他"慷慨有志，刚毅多谋，学为帝师，才称王佐"、"渡江策士无双，开国文臣第一"。 刘基在近现代社会仍有很大影响。1946年由瑞安、泰顺、青田三县的边区析置文成县，县名即由刘基的谥号"文成"而来。

刘伯温的传说属于历史人物传说，是以历史上的真人真事为核

心而逐渐发展演化为
传说的。但并非所有
的历史人物都能进入
民众口头传诵的视
野，只有那些做了大
量有益于老百姓的好
事，因而符合民众意
愿的人物及其事迹，
才有可能进入民众
的口碑之中。作为历
史人物的刘基，以自
己超人的智慧和胆
识，忠心耿耿地辅佐
朱明王朝，为明代建
国和治国作出诸多贡
献，成为一位杰出的
古代军事谋略家、政
治家、文学家、天文
学家、哲学家和易学
家，在历史上享有崇

南田诚意伯庙前左右两座木牌坊上的"王佐""帝师"匾额

高的声誉和评价, 被誉为立德、立功、立言 "三不朽伟人"。正因为如此, 刘伯温的事迹, 持久地被民间传颂, 为广大民众所讴歌。

民间传说的一个主要的特点, 就是以现实世界中存在的事物和人物为主要依据, 经过群体口口相传, 并在传递过程中被添枝加叶, 逐渐附会和融合了一些与本体相关联的事件、人物、故事、情节和细节。

刘伯温天资聪明, 一生经历曲折。青年时代曾在元朝为官, 因为政严峻, 又多所建议, 抑而不行; 后因不满社会, 辞官回乡; 中年时才应朱元璋之邀, 赴金陵辅佐朱元璋推翻元政权、统一中国。老年时受人谗陷排挤, 加上朱元璋的怀疑猜忌, 他为自保而归隐。后来朱元璋曾就丞相人选问题征询过刘伯温的意见, 因刘伯温仗义直言, 不看好胡惟庸, 胡惟庸因此对刘伯温怀恨在心。由于朱元璋的暗助, 胡惟庸有了一次报复的机会。当时瓯、闽间有一条狭长的地域叫淡洋, 该地区是盐贩、盗贼聚集的地方, 方国珍便是从这里起兵反叛的。刘伯温委托儿子刘琏上奏, 建议在该地区设立巡检司以控制管辖该地, 使那里的刁民无机可乘, 不能互相勾结或胁迫戍边士兵一道出逃反叛。胡惟庸指使刑部尚书吴云弹劾刘基, 反指淡洋踞山临海, 有君王之气, 刘伯温想要谋取作为自己的墓地, 当地百姓不答应, 便想要在那里设置巡检司为难当地民众, 才导致该地区形势迅速恶化。于是, 刘伯温只好赴京去见朱元璋, 滞留京城不敢归, 主动置身于朱元璋的监视之下。没多久刘基发病了,胡惟庸携带补药前来探望病情。刘基吃了胡惟庸拿来的药三个月后,病情更加恶化。朱元璋得知他不能起床后,便让他乘坐传送公文的船返回老家。一个月后,刘伯温就去世了。毒杀刘伯温是后来朱元璋指控胡惟庸的一大罪状,但下毒是否为朱元璋的授意,至今仍是一大历史悬案。刘伯温这种充满传奇色彩的经历,为传说的孕育提供了丰厚的土壤。如关于刘伯温的死因,在青田、文成民间就有多种传说,有"倚柱吞金"说、"朱元璋派兵追杀"说,等等。

本来,一个人去世后,关于他的一些故事也会被渐渐淡忘,最后被历史淹没消失。但刘伯温却在去世一百三十九年之后,还被朝廷封为"太师",谥号"文成"。而明朝的后来几任皇帝又分别对刘伯温及其后人进行册封,在巩固和提高了他的历史地位的同时,也大大增加了他的神秘色彩。

刘伯温自己确实有扶鸾占卜的特异才能,另外,他在辅助太祖与群雄争霸之时,常将自己理智的分析,假托为星宿象纬的启示,向朱元璋提出建议。这一方面显得他玄秘高超,另一方面也为迎合朱元璋的迷信思想,使自己的建议易于被朱元璋接受。后来好事者将他所作出的许多政治和军事上的重要谋略决策,凡运用得当而与事后形势吻合的,每测必中,能人之所不能的,都归于他的神机妙算。因此,身后不久,坊间便出现许多神化附会刘伯温的传说异闻。这些传说

瑞安孙诒让旧题、王光英重书的"通天地人"和于右任再题的"先知先觉"匾额，藏文成县南田诚意伯庙

经过各地长期演绎流传，在口耳相传中不断渲染添加，不断丰富和发展，越传越神，滚雪球似的形成蔚为大观的传说群，至今不衰。

[贰]从历史人物刘基到传说人物刘伯温

刘伯温传说的起源，最早可以追溯到黄伯生为刘基所做的传记——《诚意伯刘公行状》。文中有一段这样的文字：

> 尝游西湖，有异云起西北，光映湖水中。时鲁道原、宇文公
> 谅诸同游者皆以为庆云，将分韵赋诗，公独纵饮不顾，乃大言曰：
> "此天子气也，应在金陵，十年后，有王者起其下，我当辅之。"
> 时杭城犹全盛，诸老大骇以为狂。且曰："欲累我族灭乎？"悉去
> 之。公独呼门人沈与京置酒亭上，放歌极醉而归。

文中介绍刘基游西湖看到"异云起西北"，而预测到了金陵有
王气将来必出帝王。这就是著名的刘伯温预言金陵王气传说的起
源，也是刘伯温成为古今著名的预言家、有先知先觉本领的起源。

《诚意伯刘公行状》（以下简称《行状》）本是一篇真实记录刘伯
温生平事迹的文章，但作者在详叙刘伯温生平勋业的同时，亦记载了
他的许多奇迹异行。这些奇行大抵采自闾里的稗闻猥谈，间以荒诞夸
张之辞。关于刘伯温神奇之说还有"见日中有黑子"，奏陈"东南当失
一大将"，又谓其为人主占梦，预言剿敌旗开得胜的故事：

> 以公为太史令。一日，公见日中有黑子，奏曰："东南当失一大
> 将。"时参军胡深伐福建，果败没。他日公见上，上方欲刑人，公曰：
> "何为？"上语公以所梦，公曰："是众字头上有血，以土傅之，得土

得众之象，应在得梦时三日，当有报至。"上遂留所欲刑之人以待之。三日后，海宁以城降，果如公言。

除此之外，如说朱氏下金华，定括苍，伯温置酒指乾象谓天命有所攸归。有说他策划征伐陈友谅时，以观察云气星象指授攻守方略，结果大捷等记事，使行军打仗，竟能凭一纸而大获全胜，其算计筹划，犹如神仙。故《行状》中充满传奇色彩的记述，成为刘伯温传说的最早雏形。

刘伯温像《诚意伯刘文成公文集》

《行状》记载后，明王朝便对这事进行肯定，以此作为朱明王朝是奉天承运、顺应天运的重要佐证。明武宗在《谥太师文成诰》中写道：

（刘基）占事考详，明有征验，运筹画计动中机宜。盖始见异云而识王气，复仰指乾象以示天心。

在封建时代，一个造反者、夺权者、统治者往往都是通过舆论来起事、起义的。故刘基辅佐朱元璋伐定天下时，朱元璋借刘基以神化自己，扩大影响，笼络人心。在《御室诏书》中，朱元璋宣称刘基"居则每匡治道，动则仰观乾象。察列宿之经纬，验日月之休光。发踪指示，三军往无不克"。又在《诚意伯诰》中说："基累从征伐，睹列目翟垂象，每言有准。"后在《弘文馆学士诰》中谓基"及将临敌境，尔乃昼夜仰观乾象，慎候风云，使三军避凶趋吉，数有贞利"。从朱元璋的诏诰中看出，刘基对朱明王朝的贡献，是掐指数算、占卜观象，并充满肯定。朱元璋及明王朝为巩固其统治的需要，对刘伯温进行了神化。王权的力量与历史书写，有力地推动了刘伯温传说的产生和日后的广泛流传。

原青田太鹤山麓的诚意伯庙，忠节祠

在揣摩到圣上旨意之后，一些御用文人心领神会，借神化刘基来神化朱元璋。在有关刘伯温的历史文献的记载中，对刘伯温形象的塑造除了上述较为真实的书写外，更为人津津乐道的是那些关于刘伯温神乎其神的叙述。《行状》稍后，另一部书《太祖实录·刘基传》，受《行状》的影响进一步神化刘伯温，对刘伯温传说产生重要影响。《行状》与《太祖实录·刘基传》中对刘基的神机妙算、未卜先知的本领以及此种本领之来源进行了描述，并充满传奇色彩。这些附会的记录不断神化刘伯温的才艺谋略，成为后来刘伯温传说产生的主要源头，使得后人对刘伯温的叙述越来越夸张荒诞，从而推动了刘伯温传说的产生和发展。

如《行状》有一段文字：

> 公在燕京时，间阅书肆有天文书一帙，因阅之，翊日，即背诵如流。其人大惊，欲以书授公，公曰："已在吾胸中矣，无事于书也。"

这段记载，后来成为"刘伯温得天书"等奇异传说的母本。在明弘治年间，都穆就把它加以发挥：

> 诚意伯刘基，元末在燕京时，书肆有天文书一部，久无售者。基至，手其书不置，次日往肆中，老翁扣基昨所观，则已能成

原青田太鹤山麓诚意伯庙

诵矣。翁大惊，乃以书授之，旦为语其奥。基归复，往则翁已闭肆不知所之。

焦竑《玉堂丛语》卷之八《志异》则记载为：

刘青田读书青田山中，忽见石崖豁开，公亟趋之，闻有呵之者，曰："此中毒恶，不可入也。"公入不顾。其中别有天日，见石室方丈，周遭皆刻云龙神鬼之文，后壁正中一方，白如莹玉，刻二神人相向手捧金字牌，云："卯金刀，持石敲。"公喜，引巨石撞裂之，得石函，中藏书四卷，怀出，壁合如故。归读之，不能通其辞。

《玉堂丛语》封面

乃多游深山古刹，访求异人。至一山室中，见老道士冯几读书，公知其非凡人也，再拜恳请，道士举手中书，厚二寸许，授公，约旬日能背记乃可受教，不然无益也。公一夕记其半，道士叹曰："大才也。"遂令公出壁中书，道士贤之，笑曰："此书本十二卷，以应十二月，分上中下，以应三才。此四卷，特其粗者，应人事耳。"乃闭目讲论，凡七昼夜，遂穷其旨。

此外还有"鄱阳湖更舟"一事，在《行状》中记载为：

上遂伐陈氏，大战彭蠡湖，公密启移军湖口，以避难星，期以金木相犯日决胜。上从之，遂歼友谅。

到了《遵闻录》中，鄱阳湖大战则记述为：

太祖亲征陈友谅，大战于彭蠡湖，与伯温皆在御舟，以观将卒搏战。伯温忽跃起大呼，太祖亦惊起，疑其作乱，见伯温双手麾之，连声呼曰："难星过，可更舟。"太祖如其言而更之。坐未半晌，旧舟已为敌炮击碎矣。

诸如此类，不胜枚举。如乔远《名山藏·臣林记》记伯温营建金陵宫城时，尝称殿基不稳，将来难免要迁都，隐喻篡夺变革；梁忆《传信录》说伯温预知建文帝罹难，因留下"锦囊"嘱他剃度为僧以逃巨劫。后成烧饼歌的母本。这些记述把刘伯温渲染得更为神奇，包括占卜、星相、堪舆等预言，使他变为民间信仰中一位最知名的神秘人物。刘基的这些事迹，在民间一而再、再而三地传讲，后人又不断加以发挥，冥想编造，便产生更多离奇怪诞的传说故事。

[叁]刘伯温传说的演变和传播

一个历史人物一旦进入当地民众的记忆，便成为传诵讴歌的对象，并在一传十、十传百的口头流传中按照民众的愿望逐渐附会，或被赋予了许许多多也许历史上实际没有发生过、而在传说中却是合理的、为民众所认可的事迹、情节和细节。明代中叶以后，野史杂著兴起，如陆粲《庚巳编》、杨仪《高坡异纂》、王文禄《龙兴慈记》、宋雷《西吴里语》等，许多敷衍神化明初史事人物得以推广流传。刘伯温玄秘迷惑的传说，自然成为箭垛的对象，有关他的故事迭出不穷。万历年间出现一本民间讲史小说《英烈传》，使传说更加神奇，并得到更为广远的传播。《英烈传》中叙述的刘伯温故事，大都取材于原有的传说逸闻并加以演绎，如《行状》中刘基得天文书一事，在《英烈传》一书中转变为刘基于青田山洞得黄石公所授天书，并不远千里寻找周颠求教的故事，从而把刘基塑造成一个天才神启的天命人物。

《英烈传》一书对刘基形象刻画最为深刻、形象的，是作者模仿《三国演义》中诸葛亮借东风"火烧赤壁"一事，把刘基塑造为"诸葛亮"式的人物。该书在第三十八回"遣四将埋伏禁江"至第三十九回"陈友谅鄱阳湖大战"中，叙述朱元璋大战陈友谅于鄱阳湖时，刘基从金陵赶来助阵。在开战前夜，刘基上言："夜观星象，西北上杀气，甚是不祥，当应一国之主，想来陈友谅合当复亡。然中天紫微垣，亦有微灾，故不放心，特来相探。" 此段描写刘基预测陈氏阵亡，显示了刘基观天测地之能无与伦比。书中叙述双方对垒时，刘基献策以火攻敌舟师。这实乃平常之计，妙就妙在当时风势并不利于采用此计，是刘基建坛祭祀，登台作法，才得以借风火攻。刘基身披八卦袍，披发持剑，口中念念有词。片刻间，风云大作，刘基乘势挥军火攻，因而大获全胜。《英烈传》将刘伯温变成了诸葛亮般有奇谋的神秘道士。由于《英烈传》以小说的形式叙述本朝开国帝王将相的故事，因而具有强烈的吸引力，对民间通俗文艺影响极大。不少民间戏曲、说书和唱曲都把《英烈传》故事当作讲唱的主要内容之一而广泛流传。

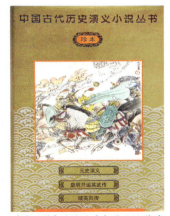

《英烈传》（原名《皇明开运英武传》）封面

随着《英烈传》的广泛流传与影

响，刘基从帝师王佐、千古人豪逐渐变为一个神算军师、道人术士。

大约在明末清初时，又有署名秦淮墨客的《续英烈传》问世。《续英烈传》从明太祖确立继承人开始，至建文帝从逊国流亡后归国结束，时间的跨度不长，但它囊括了这一时期的许多重大事件，包括被史学家称为 "削夺诸藩"、"燕王靖难"、"壬午殉难" 和 "建文逊国" 等历史事件。《续英烈传》对刘伯温的形象再一次进行了 "神化"，将其塑造为一个古往今来的 "大预言家"，书中叙述刘基 "幼时曾得异人传授，上知天文、下知地理，前知已往、后知未来，推测如神。在周可比姜子牙，在汉不让张子房、诸葛孔明，在唐堪与李淳风、袁天罡作配"。书中第二回 "刘基就人论兴衰，太祖顺天传大位"，讲述的就是太祖朱元璋思索继承人选，在皇太孙朱允炆和皇四子朱棣两人中取决不定，遂召见刘基询问，并赐以 "羊脯汤、宫饼"。伯温食毕，献上《东明历》。太祖阅毕，遂安心立嗣、分封诸王。可以说，《续英烈传》的问世，使得本就广为人知的刘伯温再一次受到广大民众的追捧。

通过《英烈传》与《续英烈传》等小说的附丽揄扬，刘伯温的传说便更加传播广远，从明中叶一直到清代，有关他的神奇怪异故事迭出不穷。

除了朱明王朝的神化、文人的演绎外，刘伯温传说是作为当时社会上普通民众精神生活的一个重要组成部分而被传承的。民众在农事之暇、晚饭之后、神山灵树之旁评古论今，通过传说了解自己祖先的来历、解释自己的生存状态，通过传说描摹他们心目中英雄的各种神奇本领。在民众的传说世界中，凝聚着他们的智慧，表达了他们的历史观，并继续延续着民间传说的生命。如"未卜先知"型刘伯温传说，就一直在民众口头流传着。

同时，在民间出现了许多署名刘伯温著述的天文术数、阴阳卜筮、星相堪舆等各类迷信杂书。这些书籍有木刻本和手抄本，曾风行一时，不少书直到近世依然流通。例如，入天文历算类的《清类天文分野（直省）之书》、《天元玉历》、《白猿经风雨占候图》，入阴阳卜筮类的《玉洞金书》、《往灵棋经》、《解皇极经世稽览图》、《奇门遁甲》，入星相类的《三命奇谈滴天髓》、《演禽图诀》，入堪舆类的《金弹子》、《一粒粟》、《地理（堪舆）漫

《英烈传》中之刘伯温（《云合奇纵》）

兴》、《灵城精义》、《佐元直指图解》、《披肝露胆经》、《注玉尺经》，入兵家类的《百战奇略》，入农家类的《多能鄙事》等。上列各类杂书极少真正出于刘伯温之手，大多为弁陋之徒所杜撰，依附刘基大名以作宣传。由于此类书籍的畅行、深入民间，读者眩于其说，更易深信刘伯温为非凡人物。不少托名刘基的著作都被收入近年坊间印行的大型阴阳术数丛书类书，从而进一步巩固其神化的地位，对刘伯温传说起到推波助澜的作用。

到了清代中叶，由于排满的秘密会社假托附会，刘伯温传说变得更加神奇玄秘。这一发展源泉，主要来自康熙初年在福建南部崛起、以"反清复明"为宗旨的天地会。此类反清的会党组织随后蔓延到两广、江西、湖南、贵州各省，成为民国革命的一股主要力量。由于刘伯温为明朝开国功臣，富于奇谋妙策，民间传说纷纭，秘密会社便随之利用。例如在咸丰、同治年间传抄的天地会文献

坊间出现的许多署名刘伯温著述的天文术数、阴阳卜筮、星相堪舆等各类杂书封面

中，刘伯温就被崇祀为襄助排满的民族英雄。在天地会的神坛"木场城"，刘伯温与诸葛亮并列一席，其上有"伯温塔"，扬言他遗下锦囊妙计，以此鼓动志士把满清翦除。后来在义和团运动时，也出现过《刘青田碑》，以鼓舞义和团勇士的灭洋志气。抗日战争初期，也曾"出土"过所谓"明代青田刘基预言之回天碑一方"，碑文曰："回天碑，起七七，终七七，冀宁粤汉，暗无天日，引胡深入，一鼓歼灭，吴越英杰，努力努力。青田刘基题"（民国二十七年十二月五日《申报》）。无疑这是托刘基之名，号召人民起而打击日寇，坚定抗战必获最后胜利的信心。经过秘密会党的托名宣传，刘伯温便被神化为预言推翻满清、赶走日寇的先知。

在刘伯温传说的演变过程中，不能忽视一个重要因素——《烧饼歌》的流传起到了重要作用。《烧饼歌》虽然不是文学作品，它却在与《英烈传》、《续英烈传》流传盛行至今这一段大致相同的时期内，大大促进了刘伯温传说在民间的壮大。它们成功地使刘基由原来的历

烧饼歌中的历史

刘伯温传说故事及研究书籍

史人物转变为具有广泛影响的民间形象——神算军师与神秘莫测的预言家。《烧饼歌》传遍天下，进一步使刘伯温演变为古往今来的"大预言家"。

1984年，浙江文艺出版社出版了《刘伯温的传说》一书；20世纪90年代《刘伯温传奇》又被拍成电视剧。随着现代影视业的传播，特别是关于大明王朝的传奇故事不断被搬上荧屏，刘伯温也随同在荧屏上从不同角度被演绎，一直作为智慧、正直、善良的形象出现。这就进一步促使刘伯温传说广为流传，深入当代民众心中。

刘基死后，刘基后裔每年进行祭祀活动。在祭拜活动中，刘氏后裔及当地民众一向把刘伯温当作地方的保护神。刚开始时，这种活动还只限于宗族内部一般的祭祖。到了明代中期，明英宗天顺二年敕建诚意伯庙，这以后，刘基祭祀就走向了官方与常规化。在此后的五百多年间，除了战争等动荡因素外，刘基后裔一直坚持着他们的祭祀活动。祭祀活动一直存在于浙南这片天空之下。

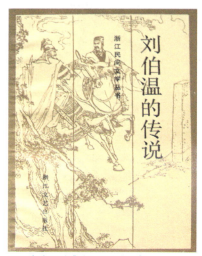

1984年出版的《刘伯温的传说》

青田民间刘伯温后裔"祭太公"之一

青田民间刘伯温后裔"祭太公"之二

刘伯温传说的基本特点

刘伯温传说在流传演变的过程中，被民众不断地粘连、附会和添加，形成了数量众多、内容丰富、不断发展的民间传说，传播地域十分广泛，故事家喻户晓，具有鲜明的地方特色，寄寓着民间信仰和道德评判。

刘伯温传说的基本特点

    刘伯温传说历史悠久，从诞生发展到现在已有六百多年历史。刘伯温传说在流传演变的过程中，被其爱好者和推崇者不断地粘连、附会和传扬，成了一个至今还在不断发展、不断丰富的民间传说。其流传地域非常广泛，全国各地形成多个较为集中的传说圈。刘伯温传说在流传过程中呈现出自己的独特个性，形成鲜明的特色。

[壹]数量众多、内容丰富

    由于刘伯温为民众所熟知，为世人所敬仰，使得刘伯温已经成为民间文学中的一个"箭垛式"的人物。人们在创造有关他的各类故事时，乐于把一些奇闻异事粘附到刘伯温身上。因此，刘伯温常常成为各种形式、不同来源的传说的箭垛。民众通过刘伯温故事表达情感诉求与理想期盼。这种滚雪球式的发展，使他成为近代中国民间信仰中一位最具传奇和神秘色彩的历史人物，有关他的传说越来越多，及至形成今天数量众多的刘伯温传说。

    在刘伯温的家乡青田、文成一带，其传说就有数百个。青田县曾娓阳主编的《刘伯温传说》收录传说一百五十六个，该书分为刘伯温

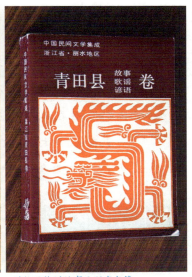

曾娓阳主编《刘伯温传说》封面　　　刘伯温传说故事及研究书籍

生平家事、勤学多才、南征北战、关爱民生、足智多谋、除恶安良、国师饮食及习俗风情等八大类。文成县拟收集出版一部《刘伯温故事大全》，已收到故事三百多个。这两部书还远没把故事收集完成。看来，想要把刘伯温传说搜集完全，似乎不太可能。

一、有关刘伯温生平家世的传说

生平家世传说，大多出于人们对杰出人物的一种朴素的理解与想象。在民众的心目中，这样杰出人物的出生自然是不同寻常的。对刘伯温出生的阐释，有村庄、坟墓、宅基、降生等风水理论说和世代行善积德说，这些传说深受风水和传统善恶报应理论的影响。代表性传说有《磨坪降生》：

　　传说刘基的老祖宗是江苏沛县人。某年夏天，刘太公家乡连
日大雨，山洪暴发，田园淹没，房屋倒塌。他一家人流离失所，逃荒
到浙江丽水，住在丽阳门一座寺庙里，衣食无着，穷途潦倒。

　　一天夜间，刘太公做了一个梦，梦见一只类似杜鹃的怪鸟，在
一丘碧绿的秧田里盘旋，"嘟、嘟、嘟"地叫了九声；又见一只绵羊
蹿到磨盘上打圈圈。

刘太公一觉醒来，感到奇怪，暗自琢磨：那碧绿的秧田，是不是指青田？那鸟儿"嘟、嘟、嘟"叫九声，是不是指九都？那么羊儿跳到磨盘上打圈子指的又是什么呢？他见瓯江畔停泊着好多青田舴艋船，就向一位船老大打听青田九都有哪些村子。当听到

1984年版《刘伯温传说》插图

那里有个磨（武）垟村时，他几乎喊起来："啊，对了！羊跃到磨盘上，不正是磨垟吗？"他又问磨垟这地方怎么样，船老大说："北有松阳，南有磨垟，那里可是米粮仓哩！"刘太公听了，心里一乐，心想搬到那里去住，日子或许会好过点。于是，就决定把家搬到九都磨垟去。

九都（即今南田）武垟，山清水秀，风景宜人，果然是个好地方。可是，这里也跟别地一样，山是财主的山，地是财主的地，哪有穷人的立锥之地？他们全家只得住在一间破败的土地庙里，靠替财主打打短工勉强维持生计。

一代代过去了，直到刘基父亲刘爚这一代，还是替财主当长工。刘爚常给财主少爷的教书先生端水送茶，听到少爷"之乎者也"地在念书，他好奇地隔窗偷听。教书先生见刘爚聪明好学，农余饭后也让他认几个字，读点书。

后来，刘爚讨了个孤女做妻子。妻子善良勤劳，虽然粗衣淡饭，夫妻俩也恩爱和顺，只是有一件事情不称心：妻子一连生了两胎，不幸都是一落地未开声就死了。小夫妻悲悲切切，好不伤心。

那年阳春三月，一场雨过后，刘爚妻子偶然发现屋后覆在地上的石臼离地数寸，好像悬空吊着似的。她觉得好生奇怪，连忙告诉丈夫。刘爚出去伏地一看，嗬！原来是一株破土而出的春笋正顶着石臼呢！他用力把石臼翻了个身，叫妻子挖了这株笋，开玩笑地说："春笋顶石臼，天下最稀罕，娘子吃下这株笋，日后肯定能生个顶天立地的儿子！"妻子听了，满脸通红，高兴地低下头来。

说来凑巧，刘熥妻子吃了那株春笋以后，果然又怀孕了，夫妻暗暗快活。刘熥到处求医保胎，对妻子越发体贴入微，一点重活也不让她干。谁知她怀孕十月，迟迟没有做产，服过多少帖催生药，也不中用，真是急煞了这对小夫妻。有人说一定是怪胎，着魔中邪了。刘熥特地买了一幅钟馗画像，贴在房门上，据说能驱邪消灾。可过去个把月，还是没产下来。

等呀等呀，一直等到第二年春笋破土，刘熥妻子吃了新笋，才喊腹痛。临盆那天，夫妻提心吊胆，心惊肉跳，生怕又出意外，早就请来一个有经验的接生婆，在家照应。他们左等右等，从午时等到申时，又从酉时等到亥时，好不容易才盼到婴儿坠地，哪晓得是个哑巴。刘熥妻子正在抽泣，接生婆却不慌不忙，从发髻上取下一枚银针，刺入婴儿的鼻尖，又在婴儿的臀部拍了几拍，忽然"哇"的一声，婴儿开口啼哭了。这时，房内阵阵异香扑鼻，还隐隐约约传来笙箫鼓乐的声音。

接生婆抱着婴儿，笑嘻嘻地说："他大叔，是个大脚的，恭喜恭喜！"刘熥接过一看，婴儿白白胖胖，可爱极了，喜得呵呵哈哈半天合不拢嘴，心里像灌了蜂蜜一般。他想，妻子吃了那株顶石臼的春笋后怀孕，又吃了新竹笋才生下来，将来这孩子定像竹笋一样，根基深厚，茁壮成长，便将他取名叫刘基。

（搜集整理：陈志望　杨秉正）

关于刘基出世的另一代表性传说是《天葬坟》，全文摘录如下：

刘基祖籍是丽水太平乡竹舟村，后迁居青田九都武阳村（今属文成县）。其父辈家底很贫，祖父都当地富人做长工，搭草寮屋居住，生计难度。

有一年，刘基祖父受雇的那户豪富人家，请来一个高明的阴阳先生寻觅坟地。阴阳先生为了帮他寻找一块风水宝地，走遍了当地的山山水水，连踏了三年。其间，刘基的祖父每天精心服侍先生生活起居，不但为阴阳先生端茶送饭，而且早晚还为先生端洗脸水和洗脚水。三年如一日，不辞辛劳，使先生非常感动。

有一天，阴阳先生终于寻到了一块好地。在起工的头天晚上，阴阳先生悄悄地对刘基的祖父说：“你用棕皮包好祖辈的尸骨，将它放在正穴的旁边，待到起工吉时锣声敲响，我口喊定穴时，你就口称搭葬、搭葬，不管旁人怎么骂都不要回嘴，这样你的祖辈就会福荫子孙，使你后代昌盛。”刘基祖父听后，连连应诺。到了开工那天，刘基的祖父真的照阴阳先生的吩咐做了。不料那阴阳先生在旁却怒气冲冲地夺过装着他祖辈尸骨的棕包，一把将它丢到穴前

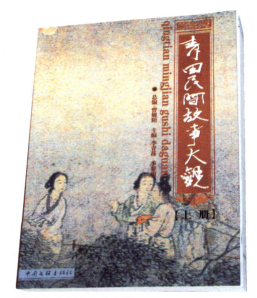

青田民间故事大观【上册】

刘伯温传说故事及研究书籍

的田坎下，并大声骂道："葬你娘，葬你父！"刘基祖父非但不生气反而马上接口道："葬我娘，葬我父。"话音刚落，穴前的田坎突然塌了下来，不偏不倚地掩盖住了装着刘祖尸骨的棕包，使此处成了一处天然的墓穴。

原来，这位阴阳先生是上天下凡的白鹤仙翁，他见刘基祖父人品厚实、心地善良，为报答他三年来的热情服务，故特为他祖宗选定了此处风水宝地，以福荫子孙。

后来，真的应风水先生所言，刘基出生后辅助朱元璋建立明朝，做了大明朝的国师。当地人都说是上天赐予刘家祖穴风水宝地的缘故，故称此穴为"天葬坟"，传诵至今。

（搜集整理：刘日照）

关于死亡与后事的传说有很多，关于他的死有：说"猪"（朱）

惹祸说、遭奸暗害说、代死说、神助说、金头说、显灵说、永存说、荫袭说等。透过这类传说可以看出，人民不愿刘伯温死去，而是希望他永远活着，或表达对他的惋惜之情。如《赔金头》：

　　朱元璋坐天下后，变得十分忌才，对刘伯温百般戒心，怕刘伯温本领大起反心，朱家的天下就坐不稳。朱元璋将刘伯温召到皇宫教太子读书，天天留意他的举动，为的是想找把柄陷害他。

　　有一日，太子要刘伯温带他到城外去玩，路上看见几头大猪和小猪在拱食。太子好奇，便问："这些通身乌黑、四脚落地的东西是什么？"刘伯温道："这叫做猪。大的是大猪，小的是小猪。"太子又问："这猪有什么用？"刘伯温道："大猪宰掉给人吃，小猪养大也要宰。"

　　话一出口，刘伯温马上警觉不好，皇上多疑，"猪"与"朱"谐音，此话传到皇上耳中定会遭杀身之祸。但话已说出，哪能收回呢？

　　果然不出所料，朱元璋当天晚上就盘问太子问猪的事，一字一句地品尝起来。在朱元璋听来，"猪"就是"朱"，宰猪就是杀皇帝，这还了得！朱元璋咬咬牙，横横心，要捉拿刘伯温问罪。

　　刘伯温说"猪"惹祸，马娘娘十分同情，暗中命心腹太监给他送去一盒"枣"和"桃"。刘伯温知道这是马娘娘示意他"早逃"，便连夜启程，往家乡青田逃走。刘伯温逃到家里，思量难逃灾祸，便写了一张奏折："刘伯温生前护王，死后靠主。"写罢，吞下金子，靠在柱上死去。追兵赶到，砍下头颅，拿了奏折，回去复命。

朱元璋验过头颅，看过奏折，问道："国师怎么死的？"差官道："国师靠柱而死。"朱元璋听了，拍桌大骂："混蛋！靠柱就是靠朱，如此忠良，怎好砍头！"

朱元璋懊悔不已：刘伯温生前护王，死后靠主，难得忠心啊。叹息一番之后，下了一道圣旨，按国师头颅的重量，打制成金头赔偿。

（搜集整理：陈志望　潘光华）

二、有关刘基少年聪慧好学多才的传说

这类传说，主要讲刘伯温自小喜爱读书，聪明好学。人们借名人对下一代进行教育。《书凑礼》的故事内容如下：

刘伯温天资聪明，五岁能识字，六岁能作对，七岁出口成章，塾师很喜欢他。

那天，先生想当众试试刘伯温的才学和志向，出了这么个对子："武定邦。"

刘伯温随口对答道："文治国。"

先生又念："成家立业。"

书凑礼（漫画）

刘伯温接口回答："辟地开天。"

大家听了，都赞叹他有志气。

刘伯温爱书入了迷，除了正课外，还到处借书看。他逢人便问："你有书吗？能不能借给我看看？"

有一天，一个老汉看到刘伯温正在吃饭，逗趣说："我表弟家里有本书真好，要看吗？"刘伯温立刻放下饭碗，迫不及待地问："伯伯，什么书？"那老汉笑笑说："什么书都有，可有趣呢！""在哪里？""天下村。""多少路？""十五里。""好！"刘伯温忘了碗里还有半碗饭，就兴冲冲地向天下村奔去。见此，老汉急忙跟在后面大喊道: "快回来! 我在跟你开玩笑呢。"

有一年正月, 刘伯温上外婆家拜年。母亲拿出腊肉和粉干, 吩咐儿子放进篮子里去。刘伯温一边捧着书在看, 一边收拾好拜年礼物, 也不再检点一下, 就提着篮子匆匆走了。

到了外婆家, 老人笑嘻嘻地将外孙迎进去。外婆拿出篮子上面的粉干, 只见下面是一叠书, 不觉惊住了: "怎么, 拿书凑礼? 这倒是件新鲜事儿。"

刘伯温这才想到, 自己在收拾礼物时, 一心只想到书, 竟把桌上的一叠书当作腊肉放进篮子里了, 到了外婆家才知道放错了, 连忙出门准备回家去拿腊肉。外婆见此, 一把抓住他, 笑着说: "谁要你的腊肉! 你这样喜欢读书, 外婆比什么都高兴哩! "

(搜集整理: 叶中鸣)

表现刘伯温的智慧及由来, 这方面有勤学说、求师说、天书说、狐丹说、寄魂说, 代表性传说有《石门洞得天书》、《千读百温》、《千里觅兵书》、《神童戏状元》等。《石门洞得天书》全文如下:

刘伯温少年时聪明好学, 琴棋书画, 件件皆精。后由老塾师推荐, 到青田石门洞跟郑复初先生读书。

小伯温在石门书院, 读书很用功, 先生教的功课全部背诵得滚瓜烂熟。空下来还研讨石门洞碑林石刻中的深奥篇章，收获不少。

刘伯温勤奋苦读感动了石门洞的白猿仙姑，她有意点化刘伯温。一天深夜，她从头上拔下一枚金钗，迎风一晃，变成郑复初先生，走进刘伯温的书房，她自己则站在"先生"身后，一副害羞的样子。刘伯温一见老先生深夜来书房，很是疑惑，再一见先生身后还站着一个姑娘，更吃一惊。"老先生"进门便大声斥道："我以为你早起晚睡是用功读书，岂料你做出这等事来！唉，都怪我执教不严。"

刘伯温听了，真是丈二和尚摸不着头脑，喃喃道："先生这、

青田石门洞

我……"老先生怒气冲冲，道："我若再从中作梗，也是多管闲事。不过，你今后一不可走漏风声，二不可荒废学业，如若敢再造次，休怪我……"

白猿仙姑赶紧接口道："不敢违命。"

就这样，事情弄假成真，此后每到深夜，白猿仙姑便来刘伯温书房中。两人吟诗作赋，弈棋操琴，情投意合，难解难分。可是白猿仙姑却有一桩心事横在心头。

说来话长。有一年初秋，在王母娘娘的"七七"蟠桃会上，自称"霸道禅师"的乌龟精趁众神仙喝得酩酊大醉、东倒西歪的时候，悄悄溜出宴厅。他见白猿仙姑貌美，就动手动脚调戏她，白猿仙姑顺势给了他三巴掌。从此，两人便结下了冤仇。

一天，乌龟精歪着脑门一算，好啊，白猿仙姑竟然触犯天条，与凡人幽会，还暗传仙术，这正是自己报仇的好机会。他知道白猿仙姑身藏三颗宝珠，要胜她，还须用一番心机。

这天，乌龟精算到刘伯温不在书房，便叫声"变"，把自己变成了刘伯温模样，端坐在刘伯温的书案前。不多时，白猿仙姑来了，她向"刘伯温"道好之后，就去整理桌上杂乱的书画。假刘伯温悄悄地将一个事先准备好的丝线团儿别在她的裙上后，突然取出一个木龟槌，往白猿仙姑头上连敲三下。顿时，白猿仙姑只觉头昏眼花，天旋地转起来。她叫了一声"不好"，口一张，吐出了她用千年心血炼就的仙丹。假伯温看得真切，一手抢过仙丹吞到自己肚中。然后"嘿、嘿、嘿"大笑三声，现出了本相。这时，白猿仙姑才知道上了乌龟精的当。乌龟精知道白猿仙姑吐出仙丹，命在旦夕，就扬长而去。

乌龟精前脚走，刘伯温后脚到。白猿仙姑就把刚才的事儿原原本本讲了一遍。刘伯温听了，又惊又气。白猿仙姑从怀里掏出一本"天书"说："这部'天书'我早想传授于你，逐一给你讲解，让你如虎添翼，往后好图大事。现在只好送给你自己攻读了。你要反复读懂记住，日后必有用途。"刘伯温含泪接过"天书"，难过地问道："我能救你吗？"

青田石门洞刘伯温读书塑像

白猿仙姑见刘伯温情深意切，苦笑道："我心愿已了，现足矣，但不除乌龟精死不瞑目。如果郎君有心，那就这样吧……"说着，她在刘伯温耳边如此这般地说了一番。

刘伯温听后点头称是。他赶紧脱下自己的鞋帽罩衫，将白猿仙姑穿戴起来，并把白猿仙姑身子扶起，靠在洞内一块岩壁上，又在她手上安放了一本书。刚装扮停当，白猿仙姑便气绝了。

青田石门洞国师床

青田石门洞藏书石

刘伯温回到书院，翻开"天书"一看，竟是一部无字天书！他按白猿仙姑教的方法，拿到灯前一照，依稀看清上面写有"七七兰盘，切记前嘱"八个字。恰巧，这天正是七月初七，刘伯温就按白猿仙姑的交代去做。果然，那乌龟精因为在天上喝醉酒，来到白猿洞便错认了人，向倚在岩壁穿戴着刘伯温衣冠的白猿仙姑笑眯眯地走去。这时，只见刘伯温从袖子里拿出那柄木鱼槌，猛地在乌龟精头上敲了三下，只见一颗闪光的仙丹从乌龟精嘴里吐出，落到他的手中……

刘伯温用仙丹救活了白猿仙姑。从此，两人恩恩爱爱地过日子。一日，白猿仙姑不见了，刘伯温东找西找也觅不到踪影，回到书房，只见书案上留着一张纸条，上面写着：

儿女情长终是短，志在天下久安康。

功就缘满辞郎去，心盼贤人早安邦。

刘伯温读罢，不禁发出了赞叹。从此以后，他天天研读"天书"。不久赴京参加科举应试，中了进士，后又辅佐朱元璋打天下，做了明朝的帝师，得到了后人的敬仰。

（搜集整理：陈香岩）

刘伯温少年故事不仅反映少年刘伯温聪颖异常，而且极富正义感，代表性传说有《智判牛犊》、《菩萨搬家》等。《菩萨搬家》全文如下：

刘伯温的房屋坐落在九都南田武垟山麓，又破又矮又潮湿。后来，他父母勤劳节俭积了点钱，选择一个向阳的山坪准备造三间瓦房。

　　地基弄平了，却触怒了村头财主。原来村里有个坏习惯，每逢建房，得先同财主打交道，三请四宴，还要送礼，财主才画押同意。一年以前，有户穷人好不容易造了一间屋，因为没有给财主打招呼，财主就硬是把它拆掉。那时，刚十三岁的刘伯温，爱打抱不平，眼看财主如此横行霸道，心里很火，便拿了笔和一大叠纸，来到财主屋前，将纸铺在地上，提笔写起来。财主家仆人惊异地过来问道："喂，你写什么？"

　　"我写状控告你家老爷，平白无故拆人房屋，害人倾家荡产！"

　　那仆人忙去告诉财主。财主素来晓得刘伯温笔尖厉害，怕招来麻烦，便叫人停止拆屋。这样才算保住了那间房子。

青田石门洞石门书院

现在刘家要拣这块地基造屋，事前没有向财主烧香，财主心头着实难过，想好好教训刘家一顿。可一想到刘伯温肚才好，计谋巧，万一惹出祸来，可不是玩的，他想来忖去，心像个闷罐子。

账房先生早就看透了财主的心思，从旁敲敲边鼓道："东家，佛争一炷香，人争一口气。刘家小子敢在老虎头上搔痒，那还行！"

财主心有余悸道："这回就给他点便宜，只当没看见算了。"

"哎呀，老爷！在这一带，老爷你向来吹口气能冲倒山，一甩手能掀翻地，若就这么不动声色，今后谁还听你的话！"

财主听账房这么一说，心头的怒气又上来了，并想出了一条恶

青田石门洞刘文成公祠

计。他假惺惺地对村民们说："山坪上五通爷显灵，要是善男信女在那里造一座庙宇，可以永保全村太平。听说刘家也准备在山坪建屋，依我看，这房屋造不得，我们凡人哪好和神佛争地！"有些迷信的村民信以为真，就择日动土造庙。不多久，庙宇造好了，还用檀木雕了一尊五通爷神像，供奉香火。

刘家辛辛苦苦填好的地基给造了庙。刘伯温看透这是财主要的把戏，便对父亲说："这是老财主借菩萨压人，我们怎么忍受得下这口气？"

时至隆冬，天寒地冻。刘伯温住在破屋子里，冷冰冰地难熬极了。五更时分，他起床小便，只见漫天大雪，地上已积雪盈尺。刹那间，刘伯温想出条妙计来。他悄悄地倒穿一双特大蒲鞋，开门出去，径到庙里，然后顺穿蒲鞋，把那尊五通爷的神像背到自己屋里来，端端正正地放在中堂桌上。

第二天早上，村人进庙烧香，发现菩萨不见了，几个眼快的，瞧见脚印从神龛向着庙门外走去，众人沿着脚印找去，只见脚印清清楚楚地一直伸向刘家。一进去，果然看见那尊金闪闪的菩萨端坐在刘家中堂。大家发愣了，菩萨真的显圣，自个儿择地搬家了。

"菩萨搬家了，菩萨搬家了。"这消息像一阵风刮开去，男女老少纷纷来看，都啧啧称奇。财主开初还不相信，可是一看到那双特大的脚印，也吐了吐舌头道：

"啊，得罪菩萨了，得罪菩萨了！山坪住得不舒服，才自个儿搬家啦！"

五通爷显圣，前来烧香祈祷的人摩肩接踵，把这间旧屋挤得如箸笼一样，大家就劝刘家搬到山坪庙里去住。刘伯温的父亲假装不同意，道："庙宇住家多不方便，还是让菩萨迁回老地方吧！"

财主听说刘家不愿搬迁，只好亲自出面调停："既然五通爷喜欢这里，刘大伯，不看人面看佛面嘛！那边庙宇不合住，明天就由我拿钱改建让你们住吧！"

不多久，财主真的叫人把五通庙改建成住宅，大伙帮助刘伯温将家当全部搬到山坪新屋。

刘伯温笑嘻嘻地说："这叫菩萨搬家，财主低头！"

(搜集整理：叶中鸣)

三、有关刘基足智多谋、神机妙算、运筹帷幄、克敌制胜的传说

有攻坚破城、解围脱险、帅船护主、稻草歼敌等故事，也有智救工匠、巧断疑案等故事。这类传说是刘伯温传说中最精彩的部分，反映的是民间智慧。代表性传说有《智走洪都》、《巧设诸葛碑》、《智破白鹿城》、《帅船救主》、《装哑救工匠》等。如《智破白鹿城》：

　　元朝末年，朱元璋率领义军攻破处州、青田以后，又挥师征讨温州。温州城池坚固，义军两次攻打白鹿城，未能取胜，暂时退到离城七里许的西郊，在破圹山上扎帐安营，等待时机再图良谋。

　　谁知元将十分狡猾，以攻为守。出兵把破圹山围得水泄不通。他们惧怕义军骁勇，不敢搦战，料想那破圹山是个弹丸之地，不出半月，数万义军缺水断粮，必会突围，那时乘机四面夹攻，击败义军。

　　果然，义军被围十多天，人缺粮，马缺料，连饮水也快接不上了。

　　朱元璋慌啦，几次派人去请军师刘伯温来商议军机大事。谁知回禀都说军师身体欠佳，行走不便，朱元璋急得坐立不安，连忙亲自到军师帐房来看望、求计。

　　朱元璋刚要跨进军师的帐门，忽听到刘伯温爽朗的笑声："哈，有了，有了！"

　　朱元璋入内一看，刘伯温身体好端端的，哪里有什么病。忙问："先生，你说有什么呀？"刘伯温见朱元璋驾到，当即让座，谦逊地说："主公洪福，白鹿城可破也！"朱元璋不解其意，刘伯温便如此这般地向他讲出了退敌攻城的妙计。

　　原来，元兵围困破圹山后，刘伯温料到敌人会施断粮断水的诡计，早就派人四处找水源寻食物。当时恰是隆冬，山水枯竭，四处找不到新水源。山上只有四十来户穷人家，养了几头母猪和五六十头小猪，到哪里去弄粮食呢？正在着急，一个小卒来禀报说，找到了一个藏番薯种的山洞，洞里满是鼠粪，里边堆着二三十斤糯米。刘伯温一听，晓得是鼠窝，举目望天，沉思良久，计上心来。

当下，刘伯温一面派人向农民买来这群小猪，用那些糯米喂了，并叫小孩悄悄地把小猪赶下山去；一面吩咐所有士卒脱下白色内衣，晒在竹竿和树枝上，整装待命。然后，叫来大将常遇春、胡大海，如此这般附耳一说，要他们各自依计行事。

山下的元兵一见山上逃下这么多小猪，喜出望外，便七手八脚地抢猪杀猪，想饱餐一顿。哪知一剖开猪肚子，发现猪肚内都是未消化的糯米。他们猜测，山上穷人终年吃不饱番薯丝，哪舍得用糯米喂猪？这糯米一定是义军带上山去的。义军既有糯米作饲料，还会缺粮吗？又见山上到处晒满白衣衫，如果没有水，怎么洗衣衫，看来山上水源丰富！

这两桩奇事，像长了翅膀似的，一会儿就传遍了元军。本来，元军连日来趾高气扬，如今一听义军粮水充足，无隙可乘，一时军心大乱，无心继续围攻义军。正在这时，忽听得山上鼓声震天，几万义军犹如出洞的猛虎，排山倒海般冲杀下来，元军哪里抵挡得住，被杀得丢盔弃甲，血流成河。他们不敢恋战，拼命向白鹿城逃窜。

义军一鼓作气，奋勇追击。当元军溃逃到西门外时，城楼守兵见是自家人，当即放下吊桥。就在这当儿，早已乔装打扮混入元军的常遇春、胡大海几员猛将及五十名勇士，跃马挺枪，以迅雷不及掩耳之势，冲过吊桥，大喝一声，手起刀落，杀人如同切菜。

当下，城上便高高竖起义军大旗，城门大开，义军大队人马如潮水般涌进城来。

（流传地点：浙江省各地　搜集整理：杨秉正　陈志望）

代表传说之二《帅船救主》：

元末，陈友谅威震江南。他的水军配备有土炮，装着生铁弹子，百发百中，再加鄱阳湖湖面宽阔，烟波浩淼，港湾曲折，湖中小岛罗列，山峦起伏，江湖绿林谁不让他？周围数百里村坊，一提起陈友谅，连小孩也不敢啼哭。

朱元璋和陈友谅两军，在鄱阳湖相持了几个月，多次交锋，未分胜负。这可急煞了朱元璋。

一天，朱元璋邀军师刘伯温在帅船上商议如何破敌。商量了半天后，两个人一块登上帅船高处，隐蔽在帅旗下，观望敌军阵势。但见陈军战船上，刀枪如林，旌旗蔽日，阵势似长龙，首尾呼应，令旗一挥，能合能分，运动自如，相接数十里而一丝不乱。

朱元璋看了一会儿，叹一口气对军师道："我自应天兴师南下，直捣苏杭，挥师婺州，转战闽越，攻无不克，战无不胜，如今偏遇上这个孽贼，负隅顽抗，真叫我——"话还没讲完，刘伯温突然神情紧张，喊声"快走！"赶忙搀扶着朱元璋，跳下帅台，跃上了旁边的战船。朱元璋被他拖得昏沉沉的，心头正在别别跳。此时，猛听到"轰隆"几声炮响，硝烟漫天，铁弹横飞，那艘巨大的帅船被炸得粉身碎骨。

这个突如其来的打击，把朱元璋惊得目瞪口呆，半晌才说："今儿要不是军师神机妙算，及早转移，我早就完了。"

原来，刘伯温站在帅船高处，极目远眺陈军水寨，搜索目标，

有关刘伯温的传说以及小说、戏曲等部分作品的封面

观察动向。忽然看到敌船上旌旗摇动，船只调动繁忙，前哨战船左右闪开，一群水鸟惊慌乱飞。他推断准是自家帅船目标暴露，招致敌军炮击，所以就当机立断，立刻命令帅船将士撤离，避免了一场大祸。

（流传地区：浙江、福建等地 搜集整理：叶中鸣）

四、有关刘基关爱民生、除暴安良的传说

有智赦无辜、讨免赋粮、拯救工匠、为田改土、为民筑路等故事，也有惩治贪官、除暴安良的传说，寄托着民众的社会理想。代表性传说有《章旦》、《埋银造路》、《百里坊》、《刘青天》、《吃月饼除"管家公"》、《火烧紫阳观》等。如《章旦》：

青田县城南岸有一个村庄叫章旦，传说这村名与明朝开国国师刘伯温有关。

相传有一次，国师刘伯温在家乡青田一带察访民情。他来到陈山埠，已是中午，肚子饿了，见山脚有户人家吃着黄澄澄的饼，就向主人要了一块尝尝。这饼干涩带苦，难以吞下。刘伯温便问这是什么饼。主人回答道："糠皮掺玉米做的。这年头，能吃到这样的东西算不错呢！"

刘伯温来到锦水。只见不少农民在高山上砌石开田，干得汗

流浃背。他问道："大家不是说'青田丽水滩连滩，锦水滩头插牡丹'吗？"有个农民摇摇头说："客官有所不知，且听我一歌。"于是唱道：

千里瓯江水悠悠，田郎从来不出头。

十分收成七分租，半年饥寒半年愁。

刘伯温听了，叹口气说："想不到这里会这样苦！"他来到洪府前，心想此地是南宋洪妃的故居，"十里砖街十里塘，十里荷花飘清香"，生活大概总会好一点。他才转过一个山弯，只见一群衣衫褴褛的姑娘正在挖苦菜，便好奇地问道："你们挖苦菜做什么？"

姑娘们齐声回答说："挖苦菜当饭呀！"一个姑娘唱道：

洪妃娘娘自风光，农人却无薄粥汤。

三餐苦菜难下咽，哪个皇家怜穷郎！

刘伯温听后感慨地说："这儿这么苦呀！"

他想再到阜山去看看，便费力地爬上水南岭，坐在岭头凉亭里歇力。只见几个衙役押着一个农民走过来，刘伯温问旁边的农民道："这个人犯的什么罪？"那农民唱起山歌回答道：

三年大旱三年灾，百家种田百家哀。

缸无粒米怎完税？官吏日日捕人来。

百闻不如一见，刘伯温根本没想到家乡青田的百姓竟苦到这个地步。一看天色不早了，他就在山岭头过夜，连夜写奏章，请求给青田百姓减免赋税，直到天亮，奏章才写好。他决定不回南田，立即赶回京都。

那天，洪武皇帝上朝，从太监手里接过刘伯温的奏章，边看边念："青田，青田，叠石成田。田无水，民无粮，赋粮减半、减半再减半……"当洪武念到"再减半"时，只见刘伯温从容地跨出一步，面对群臣道："万岁降旨：青田赋粮减半、减半再减半！"

这时，洪武帝才恍然大悟，原来这是刘伯温设下的圈套。可是君无戏言，只好同意减掉青田的田赋。

刘伯温关心民间疾苦，人们都很感激他。后来当地人就把他通宵达旦为青田写免税奏章的村子，取名叫"章旦"。

（搜集整理：叶中鸣　叶兆雄）

青田刘基广场浮雕：刘伯温通宵达旦写奏章

又如《巧设诸葛碑》：

朱元璋灭了陈友谅和张士诚后，派大将朱亮祖为先锋，亲率十万大军，攻打割据浙东的方国珍。进兵之后，一路上无所阻挡，大军直抵台州城下。

台州城是古时兵家的必争之地，它东南临江，西北环山，城高墙厚，并且筑有两道城门，进可以攻，退可以守，十分险要。朱元璋攻了十日，兵将折了不少，但还是破它不了。没奈何，只好退守十里。

方国珍起兵之初，劫富济贫，老百姓倒还拥护。后来他一再

刘伯温写奏章的章旦村

与元朝统治者勾结，大肆搜刮财物，做了不少坏事，老百姓就对他渐渐疏远了。一些起义军的首领纷纷向朱元璋献计献策。他们说："要攻下台州城，一定要借西乡武举子的兵力才行。"朱元璋听了，认为有理，便与谋臣武将商议，如何借助武举子的兵力。

原来，台州西乡有一家姓武的大户，户主曾参加过京都的校场比武，虽未做官，但名气不小，人称武举子。这武举子有一支看家军，个个能飞檐走壁，精通武艺。当时群雄割据，天下大乱，那武举子也自垒高墙，占山为寨；他还小看朱元璋是个草莽英雄，不肯与他合作。然而，这武举子有一个古怪的脾气，就是非常相信神鬼卜筮，只要是天地神鬼的旨意，他就会俯首听命。

朱元璋向浙东进兵后，风声日紧一日，武举子每天派兵丁在山庄前后巡逻搜查。一天，兵丁们在庄后山上发现一个身穿道袍的怪人，鬼鬼祟祟，好像在寻找什么东西。兵丁们偷偷上去，把那人

刘伯温传说故事及研究书籍

抓了起来，马上押到武举子面前。武举子问道："呔，你是朱元璋的奸细还是元兵的奸细，从实说来。"

那道人毫不介意，笑了笑说："庄主，我是四川峨眉山来的风水先生，俗号叫峨眉山人。为了寻找一条真龙，我跋山涉水，已经历时三年零三个月了！"

武举子一听他是峨眉山下来寻真龙的人，心中暗喜；但又不敢轻信，便用各种有关风水的行话去考验他。谁知这峨眉山人确实是上知天文，下识地理，对阴阳五气，龙脉宝地，真是无所不知，无所不晓。对武举子的盘问，他一一对答如流。

武举子确信他是个寻真龙的风水先生，便恭恭敬敬地问："先生，你看这真龙伏在何处？"

峨眉山人说："庄主，不瞒你说，这真龙就伏在你家后山金印石的左面。"

那武举子一听，顿时呆了。原来他家庄后山坡上，是有一块巨石，那形状就像元帅帐桌上的金印。心中欢喜，便继续问道："先生，这龙穴能出什么名位？"

峨眉山人道："不出帝王，也必位在将帅之列。"

"那什么时候下葬最为吉利？"

"吉期不远，就在眼下八月初九。"

武举子听了，心中大喜。多年来，由于寻不到风水宝地，他祖、父两辈的灵柩，一直还未安葬。这回峨眉山人点明了龙穴，便传话下去，次日破土安葬。还大摆酒席，为峨眉山人接风。

第二天，峨眉山人手捧阴阳八卦相盘，在金印石的左边，仔细测定了龙穴的方位，并禀告武举子："破土时辰，宜在当夜亥时三刻。"武举子都一一同意。

半夜里，后山坡上火把高烧，如同白昼一般。众家丁沐浴更衣，焚香破土。当刨到一尺多深时，发现下面埋着一物，热气腾腾，咚咚有声。挖起一看，原来是块石碑。上面字迹已经十分模糊，经细细辨认，判定石碑正面刻着"真龙之穴"四个篆书；石碑背面，则刻着两行隶书阴文。文曰：

天灵灵，地灵灵。碑石出，日月明。

一元亡，一元兴。言未卜，汉家臣。

武举子一见此碑，心中狐疑。他担心这"龙穴"已被他人所破，如果把祖先骨殖草草安葬下去，难免凶多吉少，于是便请峨眉山人当场解释。

峨眉山人抚着石碑，满脸喜色地对武举子说："庄主，这是你家祖上积德，果然时来运转了。"

武举子问道："何以见得？"

峨眉山人指着"汉家臣"三个字对武举子说："庄主，这石碑是一千多年前蜀汉丞相诸葛亮埋下的，他预言一千年后，元朝覆灭,元璋兴起。"

武举子心头一惊,忙再问:"何以见得?"

峨眉山人说:"庄主,这'一元亡'是指元朝亡灭;这'一元兴'是指朱元璋兴起。庄主如若在此安葬祖先骨殖,又乘机归附元璋,将来必然获得将帅之职,相国之位。"

武举子越听越入迷,越听越觉有理,便一面连夜安葬祖先骨殖,一面派人与朱元璋取得联系,商定合力攻城。两路人马一到,武举子的家兵,争先翻墙而上,台州城很快就被打下来了。后来,武举子屡立战功,果真当上了朱元璋的将军。

你道这峨眉山人是谁?不是别人,正是朱元璋的军师刘伯温化装的。他知道武举子迷信神鬼卜签,便将计就计,预先在后山坡上,暗暗埋下一块用泥浆水煮过的仿古石碑,借用诸葛亮未卜先知的千古盛名,使武举子不知不觉间中了他设下的计策,为扫平海疆、统一中国,立了一次大功。

(搜集整理:章家溪)

再如《刘青天》:

刘伯温在京都当御史中丞时,廉洁奉公,办事严明,不徇私情,不避权贵。

一天，他忽闻府门外面吵吵闹闹，人声鼎沸，急命衙役出去察看。不一会，衙役回禀：外面有一群京城百姓，口呼冤枉，前来告状。刘伯温吩咐，叫他们推举几个人带状纸进堂，其余在外听候，不许喧嚷。

几个人来到公堂，跪在地上，连喊"冤枉"。其中一人递上状纸，泣不成声地说："小人名叫张三，我爹昨天赶车经过大街，不料碰上了千刀万剐的胡公子，将我爹活活砍死，万望大人替我申冤！"

刘伯温接过状纸，从头到尾看了一遍。原来，当朝宰相胡惟庸的儿子，一早骑着高头大马，带着一帮家丁，闯上大街。京城百姓谁不晓得他的厉害，早就悄悄地避开了，只有一个六十开外的老头儿，眼花耳聋，赶着两辆马车走在街道中央。胡公子一见，哼，这个老头儿竟敢阻我马头，看来活得厌烦啦！随即一拉马缰绳，马鞭一抽，飞也似的向前冲去。老头儿来不及把马车拉到街旁，胡公子的马已到了。那马见了车，前蹄一纵，把背上的胡公子掀出一丈多远，摔在地上。老头儿吓得手足无措，愣住了。那胡公子被家丁们扶起后，头顶心冒出三丈无名火，从一个家丁身上抽出一把腰刀，赶上前去，一刀就砍死了老头儿，带着家丁扬长而去。

刘伯温看了状纸，大怒道："什么？光天化日之下杀死良民，真是目无王法！"他问张三，可有什么证据。其他几个跪着的人忙说：

刘基手迹

"小的们亲眼看见，可以作证。"刘伯温又问："你们可看清楚确是胡公子杀死的吗？"张三回答道："这是他杀小人爹爹后丢下的带有血污的腰刀，腰刀柄上还刻着他的名字哩！"边说边把腰刀呈上。刘伯温立即命衙役传胡府家丁到堂审问。

不多时，胡府几个家丁跪在堂上。刘伯温喝道，"你家公子昨天如何当街杀人，快点从实招来！"谁知这班家丁倚仗相府势力，都推说不知情。刘伯温叫衙役出示腰刀，冷笑说："这腰刀可早招认了。来人呀，先各打二十大板！"一个家丁暗想，公子犯法，我何苦替死，连说："奴才愿招，奴才愿招！"便从实招了出来。刘伯温见人证物证俱在，这才掣签吩咐巡捕官马上缉拿胡公子归案。

胡公子押到。刘伯温把惊堂木一拍，说："大胆胡某，你昨天持刀杀死张老头，人命关天，该当何罪！"胡公子仰着头，傲慢地说："你无故拘捕宰相公子，倒有罪哩！说我杀人，有什么证据？"刘伯温当即传张三、街坊百姓和那个家丁上堂，三面对质，弄得胡公子目瞪口呆。当下，刘伯温又厉声说："公堂之上，你还无法无天，那还了得！左右，给我捆打四十大板！"衙役一阵吆喝，吓得胡公子顿时瘫软下去，只得"啪嗒"跪下，认了罪，画了押。

这时，张三跪在堂上哭求刘大人为民申冤。刘伯温想，是该按法治罪，于是提起朱笔。胡公子情知不妙，连忙磕头如捣蒜一般，苦苦哀求道："刘大人呀，你与我爹同朝为官，不看僧面看佛面，总求大人免我一死！"刘伯温暗忖，哎呀，我与胡惟庸正是一殿之臣，日日相见，这样做是不是太绝了呢？……如此一想，那支朱笔就呆住了。这时，衙门外传来一片呼声，衙役进来禀报："大人，外面百姓说，若是不斩凶犯，他们就不散。"刘伯温听了，万分激动。心想：王子犯法，与庶民同罪。今日不斩宰相公子，岂非官官相护？如何平得了民愤！罢，罢，罢！胡惟庸呀胡惟庸，只怨你养子不教，休怪我刘伯温手下无情！于是令刀斧手将凶犯解往法场斩首示众。

京城百姓见刘伯温为民除了一害，无不拍手称快，称刘伯温为"刘青天"。

（流传地区：北京　搜集整理：周文锋　林建南）

五、有关刘伯温与家乡风物特产、风俗习惯渊源的传说

这方面的传说主要反映刘伯温的生活情趣及高尚情怀。代表性传说有《国师鱼》、《国师豆腐汤》、《九世同堂》、《青田简式官房的由来》、《刘伯温与青田鱼灯舞》等。

代表性传说之一《国师鱼》：

有一次，大明国师刘伯温换上布衣，回故乡察访民情，住在瓯江下游石郭村的一个农民家里。这户人家很穷，平日下饭都是一点炒盐，今天有客，才添了一盆干菜。这干菜又老又酸，一点油星也没有，虽然难以入口，但刘伯温却不计较。好客的主人想到瓯江上捞鱼招待客人，但连捕几晚都是空手而归，主人感到非常不好意思。

这事叫管瓯江的江神知道了，他想："国师体贴百姓疾苦，日理万机，到了故乡可不能亏待他呀。"于是就命令鱼神用瓯江最好的鱼虾招待国师。

接到江神的旨意后，鱼神想：瓯江的鱼类本来就不多，目前正值冬令，江上的鱼虾更少，虽然没有好鱼但也不能亏了这位家乡的贤人啊。情急生智，他突然想起老母亲——鱼神婆宝箱里的鱼种来。这鱼种细似菜籽，亮似珍珠，是世上绝无仅有的。鱼神婆知道后，心想鱼种是鱼家的传家之宝，何况又那么细小，怎么能随便

动用？”但鱼神婆知道是专为招待国师的，也就毫不吝啬地打开了宝箱，从中拿出一个绿色的小葫芦，小心翼翼地倒出一点儿鱼种来，并说：“这鱼好是好，只怕等它养大了，国师也早已回京去了！”鱼神一听此话也呆住了，不知如何是好。鱼神婆道：“我教你一个法子，放鱼种时，只要你轻念‘一夜成鱼’的咒语，明早就可捕用了。”鱼神听后非常高兴，就连夜将鱼种撒在瓯江石郭汇中。

第二天清晨，主人又到江边捞鱼，突然发现石郭汇的一潭浅水中，一下子多了很多小鱼，龙芝梗那么大，肥得出油，很是奇怪！他正愁捞不到鱼虾，见有这么多小鱼，心中非常高兴，就用细网兜小心地捞起了小鱼来。那小鱼越捞越多，不一会就捞满了一篓。回家后贤惠的妻子见丈夫捞回来的竟全是银针般细小的鱼苗，感到非常惊奇，急忙将它烘炒好端来招待国师。

国师见这烘炒干的小鱼虽然细小，但味道却鲜美无比，顿时胃口大开。他边吃边说道：“若让这一带地方的穷苦百姓都能吃上这种鱼该多好！”国师的话也真灵验。从此后，瓯江中就多了这种小鱼，而且繁殖很快，越来越多，天天捞不尽，年年捕不完。

后来，青田人就称此鱼为“国师鱼”，成了当地的一道特色名菜。

（流传地区：浙江青田　搜集整理：季从姚）

代表性传说之二《九世同堂》：

青田、文成一带山村，家里都有一个梯形的陶制箸笼。它的正面刻着"九世同堂"四字。相传这几个字还有个来历哩。

几百年前，青田县境内有位陈员外，他经历了宋亡元兴，又见元亡明兴。到朱元璋夺得江山的时候，他已满一百八十岁了。寿辰那天，九代同堂，亲戚朋友齐来贺寿，热闹非凡。

事有凑巧。这一日，朱元璋和刘伯温一路微服察访经过此地，看到陈府人山人海，不知何故。一打听，才知道是一位一百八十岁的老翁做寿。人活到这个岁数，实在罕见。于是两人备了一点礼物，也进府去祝贺。陈员外笑脸相迎，热情地接待了他们。

刘伯温见这老人雪白的胡子足有两尺来长，红光满面，神采奕奕，便说："员外，你年满三花甲，儿孙满堂，真是好福气啊！"

陈员外说："客官，我虽然活到三甲子，见到九重孙，但至今还不认识大明的开国元勋刘伯温国师啊！真是美中不足，美中不足！"

朱元璋听了，就说："我俩……"刘伯温忙扯扯朱元璋的衣袖，接口说："我俩无甚厚礼，就留几个字吧！"

陈员外很高兴，即刻命家童拿来文房四宝。刘伯温挽袖挥毫，在纸上龙飞凤舞地写下了"九世同堂"四字，又在下面草上自己的名字，把纸折起来，递给陈员外。

青田鱼灯舞

　　陈员外送走客人，打开纸来一看，才知道是刘国师和皇帝来
到府门，快活得哈哈大笑。哪晓得这一笑，竟转不过气来，就死在
靠椅上了。

　　陈家的子孙把刘国师写的"九世同堂"四个字奉为至宝，特地
把它贴在中堂上。后来，陈家子孙分家分居，不可能全家人都能看
到这几个字，便仿着刘国师的字迹刻在箸笼上。这样，每天三餐拿
筷子时，都可以看到它。

　　后来，人们为了纪念刘伯温，并希望能像陈员外那样健康长
寿，所以也都在箸笼正面刻上"九世同堂"几个字。直到如今，当地
山村里还可以看到这种箸笼哩。

（流传地区：浙江省青田、温州、丽水等地　搜集整理：周文锋　林建南）

六、有关艺术才能、特殊行业的传说。

据传，刘伯温建筑设计、诗词歌赋、琴棋书画无所不精，还有行医济世等故事。这些故事主要表现刘伯温的才华，是传说的衍生。代表性传说有《神童戏状元》、《国师画虎》、《法源寺画竹》等。如《国师画虎》：

早年，天台国清寺藏经楼存有一幅《卧虎图》，住持和尚视为珍宝，从不让人看。

刘伯温喜欢画虎，更爱看名人虎画。有一次驻军台州，听人说国清寺内藏有名人虎画，想去瞧瞧那幅《卧虎图》。他乔装改扮，随带一个小童，来到国清寺。只见该寺殿宇宏伟，金碧辉煌，善男信女拥来挤去，香火鼎盛。

刘伯温来到方丈室，见了管家和尚，彬彬施礼道："师父，听说贵寺藏经楼有幅《卧虎图》，可否让我一看？"管家和尚看了看对方装束，推却道："师父云游去了，钥匙给带走，小僧无法开启宝柜。"刘伯温道："尊师什么时候归来？"那和尚道："少则半月，多则半年。"刘伯温只好作罢，带了小童返回。

时光如流水，不觉春去夏来。一天，刘伯温想起那幅《卧虎图》，又到了国清寺。他问一个小和尚："你师父回来了吗？"小和尚看看对方穿的是平民衣服，淡淡地答道："师父刚到王巡抚家诵经去了。"刘伯温又空跑一趟。

桂子飘香，黄花吐蕊。刘伯温又想起国清寺的《卧虎图》来。他暗忖，怎么佛门清地，和尚也这般势利，真是"人情冷暖，世态炎凉"。于是就命小童带了大幅宣纸和笔墨又来到国清寺。

那小和尚一见又是他，就漫不经心地说："师父正在憩息，你等着吧！"

刘伯温等了许久，又问那小和尚，小和尚爱理不理地答道："早说过了，师父还在睡觉，想见你就再等吧！"

刘伯温无法，只好再耐心等待，从辰时一直等到未时，直到住持和尚起床。刘伯温跟着小和尚来到方丈室，见那长老阔额方嘴，身披大红袈裟，双手合十，傲慢地说："来的施主，可是要看《卧虎图》吗？"刘伯温施礼说："师父，我们已来过宝刹两遭了。久闻《卧虎图》系稀世之珍，可否一饱眼福？"

那长老道："确是名画，不过山门有个规矩，得寅年寅月寅日寅时，四寅同到，才好开那宝柜，少一个寅字也不行啊！"

刘伯温见住持有意刁难，便命童子打来一大盆水，拿墨磨浓了，然后铺开了雪白泛光的宣纸，随手提起斗大的笔，龙飞凤舞，只轻轻几笔，就画成一头斑斓老虎。那老虎眼如铜铃，口似血盆，脚如棕榈，尾似铁鞭。最后把眼珠一点，那老虎便从纸上一跃而起，大吼三声，只见大殿上狂风骤起，柱抖梁动，宝幡摇落，经幢飘坠。更奇的是，这只老虎的三声怒吼，把那藏经楼宝柜里《卧虎图》上的卧虎也吼活了，它"泼啦啦"一声，挣塌了宝柜，从藏经楼上冲了下来。两只虎在大雄宝殿里张牙舞爪，瞪眼翘须，噼里啪啦斗了起来，只听得虎啸阵阵，风声呼呼，众和尚都忙不迭地躲了起来。

浙江天台国清寺

刘伯温画的斑斓虎，龇牙咧嘴，甩尾舞爪，越战越勇。而那卧虎却缺乏力气，渐渐不支，终于被斑斓虎撕得肉裂骨碎。这时，刘伯温用手在画上一捺，斑斓虎重又回到画中来。

虎斗结束好久，众和尚才从桌下、门角、禅房里出来。

住持和尚进藏经楼一瞧，宝柜散碎，《卧虎图》早已成片片纸屑，东飞西散了。

众和尚正在心有余悸地谈论着两虎格斗的场面，忽听得外面响起吆喝声，那个小童引着一列盔甲鲜明、威风凛凛的将校，昂首阔步地向大殿走来。只见为首的那位将军跨步上前，向刘伯温下跪道："启禀国师，万岁驾临会稽，找你磋商军国大事，请国师立刻上轿。"

众和尚一听原来是国师，大惊失色，呆了半晌，全寺和尚一齐在刘伯温面前跪了下来。见此，刘伯温赶忙扬手道："众师父请起来，伯温贸然来到宝刹，惊毁寺中藏品，现就将这幅涂鸦之作供禅房补壁吧！"

从此，刘伯温所画的这幅《斑斓虎图》就一直珍藏在天台的国清寺。

（流传地区：浙江各地　搜集整理：叶中鸣）

这类故事最多的是关于建造北京城的，有《八臂哪吒城》、《巧遇木匠王》、《刘伯温建造北京城》等。如《刘伯温建造北京城》：

说起来这还是燕王扫北时候的故事哩。燕王原在南京城里住，他打算在北方重新建一座京城，就找来大臣刘伯温，问他把京城建在哪里好。刘伯温说："请让大将军徐达办这件事吧。"燕王命人叫来了徐达。刘伯温对徐达说："凭着你的神力往北射上一箭，箭落在哪儿，就在哪儿修建京城。"徐达答应着来到殿外，搭上箭拉开弓，朝着北方把箭射了出去。刘伯温赶紧带着人坐上船，顺着大运河往北追去。

国清寺画虎（漫画）

　　这一箭射得可真不近，一直飞到了如今北京南边二十多里远的南苑。当时那里住着八家小财主。他们看见箭落下来都慌了神，唯恐在这儿一建京城，他们的房产、田地全被占用了。其中有个财主出主意说："咱们把它再射走不就得了吗！"大家都认为这个主意很好，就转手一箭往北射去。这支箭又被射到了如今的后门桥这个地方。听人们讲后门桥下有块石碑，上面刻着"北京城"三个字，石碑下面就是当初落箭的地方。

　　刘伯温带人追到南苑，掐指一算，箭应当落在这儿。他派人找来八家财主，逼着要箭。财主们一看瞒不住了，只好认账。他们不住地向刘伯温求告说："只要不在这里建京城，您要什么条件都行。"刘伯温想了想说："好吧，我可以不在这里建京城，你们射出的箭落在哪儿，我就改在哪儿修建。但是修建京城用的钱由你们出。"财主们一合计，我们有的是钱，建个京城也不算什么，就答应了。

　　刘伯温找到落箭的地方，就拿出早准备好的图纸，找来工匠开工了。最先建的是西直门城楼，所用的费用全都找南苑的财主们要，没想到一座城楼还没修完，八家财主已经倾家荡产，穷得吃不上饭了。怎么办呢？刘伯温又掐指算了算，然后叫来手下人说："你们出去给我找一个叫沈万三的人。"手下人转了两天果然把沈万三找来了。沈万三被带到什刹海来见刘伯温。那时候什刹海、北海、中南海这些地方都是平地，根本没有水。这个沈万三是干什么的呢？原来是个要饭的。只见他浑身又脏又破，胳肢窝底下夹着个破瓦盆，又用一根绳子系在了脖子上。刘伯温见到沈万三就说："我建北京城没有钱用了，你给想想办法吧。"沈万三一听就吓坏了，哆哆嗦嗦地说："我是个穷要饭的，哪儿有钱呀？"刘伯温把眼一瞪："没钱不行。来人哪，给我打。"手下人拿着棍子朝着沈万三身上噼里啪啦地打起来。开始时沈万三还连声哀求，后来实在被打急了，就把脚一跺，指着地说："这地底下就有银子，你们挖吧。"刘伯温派人一挖，发现下面埋着一口口大缸。打开盖一看，里面全是白花花的银子。刘伯温就叫人拿这些银子来修城。没过多久这些银子也用完了，就又把沈万三找来，接茬儿打他。沈万三被打急

刘伯温传说故事及研究书籍

了，又往地下一指说："这里有银子，你们挖吧。"大家一挖，果然又有银子。就这样一而再，再而三，北京城建了起来。可是城里被挖出许多大坑。后来刘伯温派人把水引进坑里，就成了今天的什刹海、北海、中南海。

　　当初刘伯温坐船往北追箭，快到北京的时候，水面突然起了波浪，从水下钻出来一只大王八。只见它把两只前脚

往船帮上一搭，船就歪了一半。刘伯温急忙走出舱来，看见王八，一眼认出它是龙王变的，就问："你找我有事吗？"龙王说："你是要在这儿建京城吗？这儿是我的地盘儿，你占了它，给我什么好处？"刘伯温说："等燕王在这儿定了都，一定好好谢你。"龙王摇摇头说："不行，你得讲真格的。你们要想在这儿建京城，必须把我的九个儿子、孙子在京城安排个职位。"刘伯温心想，让你的龙崽子占了京城，那把要当真龙天子的燕王往哪儿放啊？又一琢磨：不如先应下，到时候再说，就答应说："好吧，到时候我一定安排。"龙王听了很高兴，就说："那我等修建完了京城再找你。"然后一翻身钻进了河里，波浪也就平息。刘伯温的船这才往北开来。

北京城修完了，刘伯温把燕王迎到了这里。燕王坐了龙廷，当了万岁皇帝。这一天有人来报，说有个老头带着几个孩子来到皇宫门口，吵着要见刘伯温。刘伯温抬脚走出皇宫，一看是龙王带着九个儿孙在那里站着呢。一见刘伯温，龙王就问："刘伯温，你答应过给我的儿孙安排职位，我现在带他们找你来了。"刘伯温呵呵笑着说："我早就给你安排好了。"这刘伯温真厉害呀，他把龙子龙孙有的分派到华表上，有的分派到柱子上，有的分派到房檐上，有的分派到影壁上。安排完了，他一喝令："你们都归位去吧。"九条小龙腾空而起，飞到被分派的地方，一个个都贴了上去。这一下，欢蹦乱跳的活龙都变成了石头刻的、砖瓦烧的、油漆画的死物件了。

这可把龙王气坏了，就要跟刘伯温拼命。刘伯温把眼一瞪说："我南征北战，打了多少仗，凭我能掐会算、呼风唤雨的本事还能怕你吗？"龙王心里盘算，要论打架还真不见得是他的对手，就气狠狠地说："刘伯温你等着，我不让全城人都死光了，决不罢休。"说完他转身走了。

第二天早上，刘伯温刚刚起来，报事的差役就跑进来说："禀报大人，今天大清早全城井里河里的水都干了，老百姓没水喝都乱营了。"刘伯温立刻掐指一算，知道这是龙王捣的鬼。他把军士们召集来，问："谁敢去追龙王，把水夺回来？"队伍里站出一个大汉，两手一抱拳，说："我愿意去。"刘伯温吩咐他："你出西直门一直往西追，追上那个推小车的，就用枪把左边的水包扎破，然后转身往回跑。我在西直门城楼上等着给你开城门。记住，往回跑的时候千万不要回头看。"大汉答应着转身走了。

这大汉是谁呀？他的名字叫高亮。高亮拿着长枪出了西直门，甩开大步往西追去。一口气跑出二十多里地，远远地看见大道边上停着一辆小推车，离小推车不远的树下坐着一个老头和一个老太婆在歇凉，这两个人正是龙王和龙婆变的。自打刘伯温把龙子龙孙都给弄死以后，龙王怒气冲冲地回到龙宫，见到龙婆，把事情说了一遍。龙婆心疼儿孙号啕大哭，催龙王快想办法报仇。龙王说："咱们从这里把家搬走，把水也带走，让北京城没有一滴水，用不了几天全城的人就都得渴死，咱们的仇不就报了吗？"龙婆听了，觉得这个主意真不错，也就不哭了。第二天大清早，龙王和龙婆就忙活开了，他们把全城的水分装在两个水包里，又把水包捆在车上，推着水出了北京城。他们俩不停地走了两个时辰，感到有些累也有些热了。龙婆说："歇息一下，落落汗再走吧。"于是龙王和龙婆就来到大树底下坐下。没多久高亮也赶到了。高亮悄悄地向水车跑去，他怕龙王发现，不由得有些心慌。到了水车旁不问青红皂白，用枪使劲地朝一个水包扎去，拔出枪后他转身就跑。这下可坏事了，他扎破的是右边的水包。车上有两个水包，左边装的是甜水，右边装的是苦水。后来北京城里苦水井多，据说就是因为高亮

北京城崇文门

扎错了水包的缘故。那么左边的那个水包呢，后来变成了玉泉山，打那里流出的水甜丝丝的，可好喝呢！

再说龙王正在树下歇息，猛听得水响，抬头看见高亮扎破了水包撒腿往回跑，气得破口大骂道："好小子，看我不淹死你！"龙王把手一挥，就见从水包里涌出翻滚的大浪，朝着高亮冲去。高亮听到身后隆隆的响声像打雷似的，可吓坏了，他头也不敢回，拼命地奔跑。

跑着跑着，远远地可以看见西直门了，这时高亮的心才踏实下来。他想：我后面到底是怎么回事，回头看一眼大概不会出什么事吧。于是他转过头去。这么一来，他的脚步不由得变慢了。就见身后三丈高的水浪铺天盖地冲来，一下把他淹没了。高亮没有听刘伯温的话，葬身在大水之中。后来，人们为了纪念他，就在他被淹死的地方修了一座桥，起名叫高亮桥。

刘伯温在城楼上看到大水淹没了高亮又翻滚着向城门涌来，担心它会淹了北京，当即命人把城门紧紧关闭。大水进不了城，有一部分就顺着河道往南流走了，还有一部分从地底下流进了北京城。城中的井里、河里又都满了水。全城人非常高兴，这下再也渴不死人了。

龙王的计策被刘伯温破了，他怎么会善罢甘休！他从城外顺着地下水道进了城。当时北京有不少海眼，但大多让刘伯温用东西给镇住了，像北海琼华岛上的白塔，白塔寺的白塔等，都是镇海眼的。龙王在北新桥一带找到一个海眼，这海眼是一口井。他带着水往上涌，非要用水淹城不可。人们听到井里的水哗哗作响，飞跑着去报告刘伯温。刘伯温掐指一算，又明白了。就派人找来沈万三，一起到了井边上。刘伯温对沈万三说："你想办法把龙王给我治服了，把水给我压下去。"这回沈万三可真急哭了："我是个要饭的，怎么治得了龙王爷啊！这不是要我的好看吗？"刘伯温又瞪起眼睛说："治不了龙王，还得打你。"沈万三连声说："别打别打呀，让我想想办法。"他低着头在地上转起磨磨来。这时井里的水响声越来越大，眼看水就快到井沿了。刘伯温在旁边一个劲地催命。突然，沈万三嘴角一咧，说道："有主意了。我有个要饭的破瓦盆，用它试试行不行。"说着话，他从脖子上把系着瓦盆的绳子解下来，攥着绳子头，把瓦盆口朝下往井里扣去。谁知这一扣，就见井里的水慢慢地退下去了，哗哗的响声也越来越小了。被压在瓦盆底下的龙王使劲地嚷着："刘伯温，你把事都做绝了。你把我压在下面，总得让我有个出头之日呀！"刘伯温回答说："可以让你出头。这井不远有一座桥，什么时候桥旧了，你就可以出头了。"龙王想：这桥就是新建的也得有旧的时候，看来我还有出头的日子，到时候再淹北京吧。于是就不再言语，在海眼里等着去了。沈万三的瓦盆也跟着深深地扣在了井里，系盆的绳子变成了又粗又长的铁链。沈万三把手里的铁链头捆在了井台上，这条铁链子多少年来一直在这儿捆着。也曾经有几个好奇心强的人试着往外拉过，但是没拉几下井里的水就哗哗响起来了，这几个人吓得赶快把铁链放了回去，水声才停止。从此，没人敢动它，谁不怕龙王再跑出来呀！

那刘伯温给井旁的桥起了个名字叫"北新桥"，意思是这桥永远也旧不了，你龙王永远也甭想再出来了。那个沈万三呢？此后再也没人见过他。

（整理：张伯利，载《北京风物传说》）

七、有关刘伯温看风水天象、预测未来的传说。

这是刘伯温传说中最具生命力与神奇色彩的部分。代表性传说有《朱元璋三试国师》、《智囊箧》、《烧饼歌》等。《智囊箧》记述刘伯温预测燕王起兵，建文靖难：

从前，南田文成公祠堂有一只方方正正的木箱，叫智囊箧。这木箱正面贴着封条，上面写着："封锦囊万子千孙，开锦囊绝子断孙。"

据说，朱元璋打下江山以后，一心想让皇位万代相传。一次，他请刘伯温进内宫一同吃酒。酒席间，朱元璋说："国师帮助寡人一统天下，还有什么好的办法教寡人子孙永保江山？"

刘伯温看看皇上面色，好像有满肚心事，分明是担心太子年轻，难以承皇位。他晓得一班皇子互相妒忌，勾心斗角，十分激烈。太子忠厚懦弱，做事没有主张；燕王朱棣呢，骄横跋扈，野心很大。将来若是两虎相争。太子不是朱棣的对手。这件事又不好明讲，只躬躬身说："伯温不才，不敢乱讲将来的事情。太子贤德，大家信服。现在我献上一样东西，日后或许有用。"

第二日，刘伯温向朱元璋呈上一只小铁箱。朱元璋一看，铁箱锁眼是用铁水浇牢的，不晓得有什么用意。刘伯温跪奏说：

"请万岁把这铁箧给太子，未到万不得已的时节，切切不要打开。只有碰到急难才好打开，自有解救的办法。"

朱元璋不便再问，当即收了起来。

朱元璋临死时，太子已经夭亡。他立诏传位给孙子朱允炆，并把锦囊箧交给他，吩咐好好保存。

朱允炆即位，号称惠帝。建文四年时，燕王朱棣真的在外招兵买马，带领大军打到京城，形势万分危急。朱允炆吓得像热镬里的蚂蚁团团转。他忽然想起刘伯温的智囊箧，连忙吩咐太监打开来看。啊！智囊箧里藏着袈裟、佛珠、度牒和剃刀。他顿时领会，立刻叫太监替自己削发，身披袈裟，颈挂佛珠，随身带着度牒，化装成和尚，偷偷逃出了南京城。当日，燕王朱棣攻破京城，闯进皇宫，夺得帝位，可怎么也寻不到惠帝朱允炆。这就是刘伯温智救皇帝的传说。

　　刘伯温的后代把那智囊箧当作刘伯温智慧的象征，特地仿照它的样子，做了一只木箱，供奉在文成公祠堂里。

　　（流传地区：浙江温州、丽水　　搜集整理：杨秉正、陈志望）

　　后人将智囊箧作为刘伯温智慧的象征，特地把它供奉在文成公祠里。这个智囊箧年年要加贴封条，不许任何人私自拆开。

　　在刘伯温的众多故事中，最为玄妙的是关于他唱《烧饼歌》的故事，独具特色。《烧饼歌》的流传使刘伯温成为神秘的预言大师，由人变为神。

　　公元1368年，明太祖朱元璋有一天早上在内殿吃烧饼，刚咬下一口，宫内太监来报说，护国军师刘伯温晋见。太祖心想测试一下刘基，于是便以碗盖住只咬了一口的烧饼，再召刘基入殿晋见。

　　等刘伯温入殿坐定后，朱元璋问："先生深明数理，可知碗中是何物？"刘伯温于是就掐指轮算，回答说："半似日兮半似月，曾被金龙咬一缺。依臣之见这碗中乃烧饼是也。"明太祖为之赞叹曰："我朝之中，有如此博学异人之国师，真是我大明子民之福分。"明太祖见他拥有奇门之术，便继续向刘基请教明朝以后的国运。刘伯温便用诗歌等隐喻的方式作答，事后证明，刘伯温说的事，都得到应验。

　　《烧饼歌》全文用四十余首隐语歌谣组成：

明太祖一日身居内殿，食烧饼，方啖一口，内监忽报国师刘基晋见，太祖以碗覆之，始召基入。礼毕，帝问曰："先生深明数理，可知碗中是何物件？"

基乃掐指轮算，对曰："半似日兮半似月，曾被金龙咬一缺，此食物也。"开视果然。

帝即问以天下后世之事若何。

基曰："茫茫天数，我主万子万孙，何必问哉。"

帝曰："虽然自古兴亡原有一定，况天下非一人之天下，惟有德者能享之，言之何妨，试略言之。"

基曰："泄漏天机，臣罪非轻，陛下恕臣万死，才敢冒奏。"帝即赐以免死金牌。

基谢恩毕，奏曰："我朝大明一统世界，南方终灭北方终，嫡裔太子是嫡裔，文星高拱日防西。"

帝曰："朕今都城竹坚守密，何防之有？"

基曰："臣见都城虽巩固，防守严密，似觉无虞，只恐燕子飞来。"（文中之"燕子"是指明太祖第四个儿子燕王，而燕王所镇守的区域就是北平，太祖死后由太孙继位，四皇子燕王谋夺皇位。）

刘伯温作歌三首曰：

此城御驾尽亲征，一院山河永乐平，（燕王得宦官之助，篡夺王位成功，并自立为帝，即明成祖，改年号为"永乐"，并迁首都到北京。）

秃顶人来文墨苑，英雄一半尽还乡。

北方胡虏残生灵，御驾亲征得太平，（明成祖在位之时，北方蒙古及夷人亦常兴兵侵犯我中华，明成祖五次亲自领兵作战皆大胜，故当时天下得以太平。）

失算功臣不敢谏，生灵遮掩主惊魂。

国压瑞云七载长，胡人不敢害贤良，

相送金龙复故旧，云开日月照边疆。（明英宗正统十四年，北方胡人瓦剌举兵南侵，明英宗也效仿先帝御驾亲征，但却被掳。英宗之弟随之继位，胡人见要挟不成，于是七年后将英宗送回北京，这就是历史上的"土木堡之变"。）

太祖曰：此时天下若何？

刘伯温曰：天下大乱矣。

太祖曰：朕之天下有谁乱者？

刘伯温答曰：

天下饥寒有怪异，栋梁龙德乘婴儿，

禁宫阔大任横走，长大金龙太平时，

老练金精龙壮旺，相传昆玉继龙堂，（英宗复辟。）

阉人任用保社稷，八千女鬼乱朝纲。（明成祖篡夺江山时，宦官之功劳不小，多通风报信，监控异己。明成祖设立了"东厂"，以刺探官吏之行动。而太监因得皇上恩宠，势力壮大，迫害忠良。其中"阉人任用保社稷，八千女鬼乱朝纲"是指明成祖重用太监宦官，且"八千女鬼"四个字合起来就是"魏"字，"魏"就是指明朝宦官魏忠

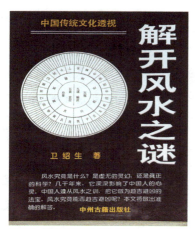

中国传统文化透视
解开风水之谜
卫绍生 著
风水究竟是什么？是虚无的灵幻，还是真正的科学？几千年来，它深深影响了中国人的心灵。中国人遵从风水之训，把它做为趋吉避凶的法宝。风水究竟能否趋吉避凶呢？本文将做出准确的解答。
中州古籍出版社

卫绍生《解开风水之谜》封面

贤之乱，欺上蒙下，专横凶恶，祸害达于顶点。)

太祖曰：莫非父子互争国乎？

刘伯温曰：非也！树上挂曲尺（指明朝朱姓），遇顺则止（遇顺治皇帝而明灭），至此天下未已。

太祖曰：何为未已？

刘伯温曰：

万子万孙层叠层，（万历子孙。）

祖宗山上贝衣行，

八侯不复朝金阙，（崇祯。）

十八孩儿难上难。（明朝从太祖朱元璋至崇祯皇帝共经历十八位传人，包括其年号及特征，都在刘伯温之预言中。）

刘伯温随即卜卦曰：

木下一头了，目上一刀一戊丁。 （李自成乱。）

天下重文不重武，英雄豪杰总无春，

戊子己丑乱如麻，到处人民不在家，

偶遇饥荒草寇发，（以上描述了明代末年重文轻武及社会国家之乱象、山寨盗匪以及沿海倭寇之扰。）

平安镇守好桂花。（吴三桂。）（"木下一了"就是"李"字，"目上一刀"指"自"，"一戊丁"指"成"字，就是说明朝末年李自成自立为闯王，与张献忠等兴兵作乱，镇守山海关的明将吴三桂，因李自成抢夺其爱妾陈圆圆，三桂大怒之下大开城门引清兵入关，最终导致明朝灭亡。）

太祖曰：偶遭饥荒，平常小丑，天下已乎。

刘伯温曰：

西方贼拥乱到前，无个忠良敢谏言，

喜见子孙耻见日，衰颜气运早升天，

月缺两耳吉在中，奸人机发走西东，

黄河涉过闹金阙，奔走梅花上九重。（明崇祯十六年，满洲皇帝顺治即位，但其年幼，故由其摄政皇叔多尔衮主政，且领清兵入关，而"奔走梅花上九重"，"九重"是山之意，明朝的末代崇祯皇帝自缢驾崩于煤山。）

太祖问曰：莫非梅花山有人作乱？朕从今命人看守，又如何？

刘伯温曰：非也。

刘伯温曰：

迁南迁北定太平，佐王佐帝定牛星，

运至六百又得半，梦花有子得心惊。

太祖问曰：大明有六百年之国祚，朕心足矣，尚望有半乎？天机卿难言明，国师何不留下锦囊一封藏在库内，世世相传勿遗也，急时有难则开视之可乎。（明朝本来有六百年的国运，但因人心败坏，奸臣当道，而只延续二百九十二年，清兵就入关。而清兵入关亦是刘伯温预言吴三桂之所为。但因明朝气数尚未尽，故有郑成功退守台湾，伺机反攻大陆收复大明山河，同时清朝虽占据神州大陆，但民间反清复明之力量亦强大，这些与明朝国运都有关。）

刘伯温亦有此意，于是又歌曰：

九尺红罗三尺刀，劝君任意自遨游，

阉人尊贵不修武，唯有胡人二八秋。

桂花开放好英雄，拆缺长城尽孝忠。（这里主要说吴三桂将城门打开给北方满人入关，是明亡之因。）

周家天下有重复，摘尽李花柱劳功，

黄牛背上鸭头绿，安享国家珍与粟，

云盖中秋迷去路，胡人依旧胡人毒，

反覆从来折桂枝。（吴三桂再一次作乱，最后给胡人平定了。）

水浸月宫主上立，（清字。）

禾米一木并将去，二十三人八方居。（八旗军之编制。）

太祖曰：二十三人乱朕天下八方安居否？

刘伯温说：臣罪该万死，不敢隐瞒，至此大明天下亡之久矣。

太祖大惊，即问：此人（指灭明朝的人）生长何方，若何衣冠，称何国号，治理天下又如何？

刘伯温曰：

还有胡人二八秋，二八胡人二八忧，

二八牛郎二八月，二八嫦娥配民夫。（这段话很精密地描述了清朝之在位年代，从满清顺治元年〔公元1644年〕到宣统三年〔公元1911年〕共二百六十八年，而二百六十八正好是如上文中六个二八是也。）

太祖曰：自古胡人无年之国运，乃此竟有二百余年之运耶？

刘伯温曰：

雨水草头真主出，（指满洲。）

路上行人一半僧。

赤头童子皆流血，（指清朝百姓头发一半光头一半扎辫子，衣服也像出家人之僧袍，头上戴着血红的帽子。）

倒置三元总才说，

须是川页合成出，（预言顺治皇帝。）

十八年间水火夺，

庸人不用水火臣，（预言康熙年号。）

此中自己用汉人，（康熙开始学汉语及用汉人。）

卦分气数少三数，（预言康熙在位六十一年之意，后来果然无误。）

亲上加亲亲配亲。

太祖曰：胡人至此用人，水夺火灭，亲上加亲，莫非驸马作乱乎？

刘伯温曰：非也。

刘伯温曰：

螺头倒吹也无声，

点画佳人丝自分，

一止当年嗣失真。（即雍正在位十三年。）

泥鸡啼叫空无口，

树产灵枝枝缺魂。

朝臣乞来月无光，

叩首各人口渺茫，

一见生中相称贺，（指乾隆。）

逍遥周甲乐饥荒。（指清乾隆时国富民强，且在位六十年，再享三年后驾崩。）

太祖曰：到此胡人败亡否？

刘伯温曰：未也，虽然治久生乱，值此困苦，民怀异心，气运犹未尽也。

刘伯温曰：

廿岁力士双开口，（指嘉字。）

人又一心度短长。（指庆字，即清朝嘉庆年号。）

时佐寺僧八千众，

火龙渡河热难当，

叩首之时头小兀，（道光皇帝。）

嫦娥虽有月无光。（在位三十年。）

太极殿前卦对卦。（咸丰的"丰"字。）

添香襄斗闹朝堂，

金羊水猴饥荒岁，（指清同治在位于辛未至壬申年间，共十三年。）

犬吠猪鸣泪两行，

周文锋主编的《刘伯温传说集成》封面

洞边去水台用水，（同治。）

方能复正旧朝纲。

火烧鼠牛犹自可，（焚毁圆明园。）

虎入泥窝无处藏，（"虎入泥窝"，即清朝末年洋人列强瓜分中国，刘伯温接着也预言光绪年间，慈禧太后掌权，八国联军进京后清室出逃。）

草头加上十口女，（慈禧。）

又抱孩儿作主张，（慈禧已控制了光绪。）

二四八旗难蔽日，

思念辽阳旧家乡。（指八国联军攻陷北京，光绪逃往陕西，思念故京。）

东拜斗，西拜旗，南逐鹿，北逐狮，（各国的代号。）

分南分北分东西。（各国在华建立势力范围。）

偶逢异人在楚归，

马行万里寻安歇，

残害中女四木鸡。（外国人在华残害百姓。）

不识山水倒相逢，

黄龙早丧赤城中，（指光绪之瀛台泣血。）

猪羊鸡犬九家空，

饥荒灾害皆并至，

一似风登民物同。

得见金龙民心开，（指孙中山。）

刀兵水火一齐来，

文钱斗米无人籴，

父死无人兄弟抬，（指辛亥革命后中国军阀割据，兵灾连连。）

金龙绊马半乱申。（指孙中山于中国尚未统一就在北京病亡。）

二十八星问土人，

蓬头女子遇蓬头，

揖让新君让旧君。（袁世凯违反协议，先破坏临时约法，后称帝。）

太祖问曰：胡人至此败亡否？

刘伯温曰：

手执钢刀九十九，杀尽胡人方罢休，

将军头上一苑草，石头上面人介人，（指蒋介石。）

炮响火烟迷去路，迁南迁北六三秋。（中华民国成立后，先有袁世凯称帝，再有张勋复辟，南北分裂，中国经过了多年的内战，到民国十八年才统一，正是六三一十八之数。）

可怜难渡雁门关，摘尽李花尽灭胡。（全国统一，汉、满、蒙、藏等共属一国。）

黄牛山上有一洞，可藏一千八百众，（指台湾和台湾的一千八百万人民。）

先到之人得安稳，后到之人半路送，（指台湾的原住民和从大陆逃亡过去的人，也就是本家和客家。应推背图的小小天罡垂拱而治。）

难恕有罪无不罪，天下算来民尽瘁。（指国民党的罪行，给国家造成了影响。）

火风鼎，两火初兴定太平，（"火"乃红也。）

火山旅，银河织女让牛星，

火德星君来下界，金殿楼台尽丙丁，（指红军打土豪分田地，"丙丁"指百姓。）

一个胡子大将军，按剑驰马察情形，

除暴去患人多爱，永享九州金满盈。

太祖曰：胡人至此尚在否？

刘伯温曰：

胡人至此亡久矣，四大八方有文星，

品物咸亨一样形，琴瑟和谐成古道，

早晚皇帝又中兴，五百年间出圣君，

圣君尚问真人出，周流天下贤良辅，

气运南方出将臣，圣人能化乱渊源，

八面夷人进贡临，宫女勤耕望夜月，

乾坤有象重黄金，北方胡虏害生灵，

更令南军诛灭形，匠马单骑安外国，（"南军"指越南，"安外国"指抗美援朝。）

众将揖让留三星，三元复转气运开，

大修文武圣主裁，上下三元无倒置，

衣冠文物一齐来，七元无错又三元，

青田石门洞伯温古村烧饼阁

　　大开文风考对联，猴子满盒鸡逃架，

　　犬吠猪鸣太平年，文武全才一戊丁，

　　流离散乱皆逃民，爱民如子亲兄弟，

　　创立新君修旧京，千言万语知虚实，

　　留与苍生作证盟。

　　以上刘伯温《烧饼歌》的故事和内容，其实只是一个民间传说，并无详细的史料可考。《烧饼歌》每句答话都像一个谜语，写得十分隐晦，可以从不同的角度去诠释这些隐语的意思。许多研究者称《烧饼歌》非常灵验，但这些所谓灵验无非是用"既已发生之事实"去套合歌谣里的谶语。基本上，《烧饼歌》仍无法斩钉截铁地推断出未来将发生什么事件，必须等待事情发生后才来"事后诸葛"，且并无任何史料能够证明此为刘基所作。此歌于民国以前也未曾流行，故可知其为今人假名伪作。美国汉学家陈学霖考证，可能是清中叶至清末之人伪托刘伯温所作，并经多人之手和几个阶段才完成，目的在于借刘伯温之名宣传满清的必然灭亡和国运将更新，鼓动推翻满清统治。但至今民间仍认为其概括了明朝、清朝、中华民国时期的各种大事。

　　《烧饼歌》和《推背图》等，都是中国谶纬文化的代表之作。谶谣，"是把谶的神秘性、预言性与谣的通俗流行性结合起来的一种具有预言性的神秘歌谣，是以通俗形式表达神秘内容并预言未来人事荣辱祸福、政治吉凶成败的一种符号，或假借预言铺陈的政治手段。"由于《烧饼歌》具有谶的神秘性，又具有歌谣的通俗性，所以在传统中国，特别是动荡时代具有非同寻常的影响力。

在《烧饼歌》的后半部分中，好事者还把许多历史大变迁书于其中，谓刘伯温曾预言"明朝气数"、"明成祖篡位"、"英宗土木堡之变"、"崇祯自缢"，甚至"清兵入关"，以及"清廷灭亡"，真是无所不能。《烧饼歌》对刘伯温传说的影响甚为巨大。后世流传刘伯温术士形象的传说受此影响很明显。如台湾流传的"救劫碑文"，以及抗日战争时南京国民政府发现的"金陵塔藏碑"，赣县流传的传说《烧饼歌》等。刘伯温传说能形成今日之壮大局面，《烧饼歌》谶谣的作用，功不可没。

上述只作大致的分类，刘伯温传说分类没有那么明确与严肃，有的系同一个传说，不同方面的意思会兼而有之。如《百里坊》：

> 破廾山解围后，朱元璋率众乘胜追击到了温州。温州城处瓯江口，一面临海三面沟，墙高城坚重兵守，真可谓"固若金汤"！
>
> 朱元璋在城西翠微山扎下营寨后，就带了徐达、常遇春等心腹名将，骑马登上西山察看地形，随即定下攻城计划。他挥鞭指着温州城笑道："号称'固若金汤'的温州城，在我眼里实是不堪一

击的弹丸之地，我今夜定要拿下它，明日就在城里摆庆功宴，让军师开开眼界，看看我朱元璋用兵神速的战绩。"

是夜，风走云飞，朱元璋分兵五路，悄悄接近温州城下。三更刚过，一阵火起，顿时金鼓齐鸣，五路伏兵架起云梯，将士们个个争先爬梯攀城。但见刀光剑影中，守城的元兵惊惶失措，无法抵挡。眼看一举就可拿下温州城了，朱元璋骑在高头大马上，不觉纵声大笑道："刘基呀刘基，如果都依着你，这温州城要到何时才能到手啊！哈哈哈！"

笑声未歇，忽见城里面白光一闪，"哗啦啦"一声巨响，顿时跳出成千上万只白鹿，这些白鹿用头角向攻城的士兵猛撞过来。已攻上城的将士，立刻被这突如其来的怪物吓昏了，于是逃的逃，喊的喊，云梯一下被掀翻，将士们纷纷跌了下来，非死即伤。

朱元璋一见，急忙对弓箭手叫嚷："快放箭！快放箭！"

"嗖嗖嗖，嗖嗖嗖"，万箭齐发，只见白鹿在箭雨中穿梭奔跳，一只也没伤着。

这时，白鹿伸颈一阵唤叫，一齐跳下城墙，向着朱元璋猛冲过来，将士们急忙抽出刀剑砍杀，白鹿上蹿下跳，刀剑难以近身。朱元璋见阵势大乱，命速退兵。忽然，一头大白鹿凌空而下，把朱元璋连人带马撞翻在地，将士们慌忙把他扶起。但见白鹿又伸颈一阵唤叫，群鹿纷纷跃上城墙，一眨眼竟不知去向。

明军大败，朱元璋被扶回大营，躺在军帐里，脑子昏昏沉沉，眼前全是白鹿来回奔跑一齐用角向他戳来的幻象。他大叫一声，睁开眼睛，却见刘伯温站在面前。朱元璋怔怔地望着他，只说声"军师请坐"，便不吭声了。刘伯温坐了下来，也不说话。半晌，朱元璋才叹了口气说道："唉，小小山兽，竟这样大杀我的军威！"

刘伯温说道："莫小看这些山兽，确实不好对付！主帅有所不知，这温州又名白鹿城，白鹿是护城之神啊！它能千变万化，变出千万只白鹿来的。因此不驱走神鹿，即使有再多兵马，也无法取胜。"

朱元璋听了，双眉紧锁，问："依军师所说，我们就只得放弃温州城了！"

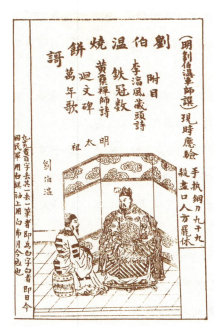

刘伯温《烧饼歌》封面（昭和初年东京合群书社刊行）

刘伯温说："不，驱鹿破城，办法倒有一个，只怕主帅不依呢？"

朱元璋一听，立即坐了起来，大声说："只要能破温州城，我什么都依。"

刘伯温道："那就行了！这

白鹿虽是神兽，但也有一忌，如果攻城时白鹿出来，只要主帅伏倒地上，对着城门学狗大叫三声，那神鹿马上吓跑，温州城就唾手可得了。"

为了攻取温州，朱元璋只得答应假装狗叫，但心里很不服气，自言自语地说："哼，小小温州城，要我堂堂主帅受此奇耻大辱，破城之日，百里之内，定要杀他个鸡犬不留！"

刘伯温连忙劝阻说："百姓无辜，黎民何罪？主帅切勿造次。"

朱元璋斩钉截铁地说："大丈夫言出如山，军师休得多言！"

刘伯温看看劝阻不住，便与朱元璋约定：只杀百里，不可多杀一步。

是夜，将士们按照刘伯温的指挥，鼓声喧天，喊声撼地，架好攻城云梯，却并不攀登，只待白鹿出现再作较量。到了半夜，果然，城中白光一闪，随后"哗啦啦"一声巨响，城上跃出千万只白鹿。见此，刘伯温便催促朱元璋快快行动。朱元璋无可奈何，只得蹲下身子，抬起头来，伸长脖子，对着城上"汪！汪！汪！"大叫三声。

说也怪，一声叫过，城上那千万只白鹿顿时都不会动弹了；二声叫过，那千万只白鹿像遭了雷电劈打，纷纷倒了下去；三声叫过，那些倒下的白鹿都变成一块块大石头，从城上滚了下去。只见温州城内蹿出一只大白鹿，它四脚一蹬，一道白光，即向南飞得无影无踪。

刘伯温看得真切，于是一声号令，金鼓齐起，将士们奋勇直前，温州城一下被攻破了。

温州城一破，朱元璋跨马执剑，冲了进去，正要传令三军杀个痛快。忽然，刘伯温飞步上前，拦住朱元璋马头，说道："主帅已杀到百里，请止步回营，共商安民之策！"

朱元璋对刘伯温瞪了一眼，说道："怎么？我刚抽剑，锋未见血，何来百里？"刘伯温用手向前面一指说："主帅请看。"朱元璋顺着刘伯温所指的方向看去，只见街道旁边竖立着一块大石碑，上刻"百里"两个大字。这一下，可把朱元璋弄懵了。但"只杀百里"有言在先，不可反悔。他一肚子怒火无从发泄，忽见路边有一株古樟树，就举起宝剑狠劈下去，只听得"哗啦啦"一声响，古樟的横桠就被劈落下来。

原来那块"百里"石碑是刘伯温叫石匠连夜刻凿出来的。温州城一攻破，他忙叫士兵把碑竖起，因此阻止了朱元璋的屠杀。

后来，温州百姓为纪念这件事，就把刘伯温竖石碑的地方称为"百里坊"。

（搜集整理：叶兆雄　唐宗龙）

《百里坊》既表现刘伯温的智慧，也表现他关爱民生，对百姓的爱护。此类故事还有，如《装哑救工匠》：

　　朱元璋得天下以后，要造一座新的宫殿，派刘基当总监工。没
多久，宫殿造好了，里面正在粉饰装修。一日，刘基踱到新宫殿，想
看看造得怎么样了。哪晓得刚刚跨进去，就有一个人"啪嗒"向他
跪下来，喊道："大人救命，大人救命！"刘基被弄得丈二金刚摸不
着头脑，忙问他到底出了什么事。那人讲自己闯下大祸了，就把事情
一五一十禀告刘基。

　　原来，这个人是个雕
花师傅。昨日他正在梁上雕
花，不晓得朱元璋一个人走
了进来。朱元璋看着豪华的
新殿，好不得意，禁不住哈哈
大笑起来。正笑着，从梁上
传来一声咳嗽，朱元璋仰头，
见有个老工匠在梁上干活，
顿时脸色变得很难看，暗想：
"我是堂堂皇帝，刚才自己的
一阵狂笑岂不失了尊严？若
是他传了出去，那还了得！"不

朱元璋像

过，他没有马上发作，忍着火气出来了。

刘基对朱元璋的为人一清二楚，听雕花师傅一讲，着实替他捏一把汗。刘基想了想，说："嗯，这样吧！"就在雕花师傅的耳朵边讲了一番话。

过了两日，刘基向朱元璋禀奏，说新宫殿已经完工，请皇上去看看。朱元璋装作自己未去看过的样子，和刘基一起去了。

刘基陪着朱元璋走进新殿，看看讲讲，指指点点，转了个圈，正想出去，忽听得梁上咳嗽声。朱元璋抬头一看，又是那个雕花老工匠，脸色就沉落下来。只听得刘基大喝道："大胆刁民，皇上驾到，你怎么不回避？"雕花师傅用手指头戳戳耳朵，嘴里哇哇地叫，又做着手势。刘基叹道："真想勿到，恁好的手艺人，竟是个哑巴！"

朱元璋勿晓得这是刘基摆的阵，也就相信雕花师傅是个哑佬。他想，前回我来这里失态，幸亏只是这哑佬在场。哑佬嘛，是传不出去的。于是也就打消了杀他的念头。

（流传地区：北京、浙江、江苏等地　搜集整理：潘志坚）

有的传说的主体部分或某些情节，甚至在流传中还带上了神奇的色彩，如刘伯温的神奇出生。这种故事人物出生的神奇性，本来是古老的神话和史诗中所特有的一种思维模式，在刘伯温传说这样的历史人物传说中出现，对听众和读者而言，并不会觉得讲故事的人是在胡说，反而认为顺理成章、合情合理，是符合人物性格的发展逻辑和人物的成长历史的。有了神奇的出生，后来在辅佐朱元璋完成大业的过程中出现的许多出奇制胜的智慧和行为，就显得更加可信，从而塑造出了一个传说中的刘伯温。与刘伯温之出生的神奇性一样，刘伯温的隐居以及在朱元璋官兵的追捕下吞金倚柱而死的情节，同样也是神奇的。而神奇的事件，不仅在塑造人物独特的个性时起到重要的、不可替代的作用，而且也比较符合人们的好奇心理，容易被吸收、添加和融汇到传说之中。

[贰]流传广泛、家喻户晓

从传说的空间角度看，刘伯温传说的分布几乎遍及全国。据《中国民间故事传说集成》搜集，刘伯温传说不仅在他的家乡青田、文成一带家喻户晓，而且在浙江以外的北京、江苏、江西、河南、陕西、福建、四川、宁夏等地都有流传。如江西有刘伯温传说16篇；安徽是朱元璋的故乡，而刘基的活动又与朱元璋密切相关，因此，安徽一带刘伯温传说就有29篇；由于刘基曾设计过南京皇城，而北京自明清以来是中国的政治中心（陈学霖《北京建城传说：刘伯温与哪吒城》），因此，许多有关设计建造皇城的传说随着朱氏王朝的北迁而在北京流传了，所以刘伯温传说在北京就有了39篇。

《刘伯温传说集成》所收各省刘伯温传说篇数大致如下：

　　浙江省：139篇；北京市：39篇；安徽省：29篇；江苏省：22篇；江西省：16篇；山东省：12篇；河北省：8篇；福建省：7篇；湖南省：5篇；四川省：4篇；广东省：3篇；甘肃省：2篇；贵州省：2篇；海南省：2篇；广西壮族自治区：1篇；云南省：1篇；河南省：1篇；湖北省：1篇；吉林省：1篇；宁夏回族自治区：1篇；青海省：1篇；上海市：1篇；天津市：1篇。共299篇。

　　刘伯温传说不仅在汉民族地区有流传，在少数民族地区也有流传；不仅大陆有，台湾、香港也有；不仅中国有，韩国、日本、新加坡等国及世界各地的华人区也有流传。这充分显示刘伯温传说流播的广度。刘伯温传说故事依照从南到北的顺序呈现几个传说群，一是浙南青田、文成传说群；二是江苏南京传说群；三是北京传说群；四是国内其他地区传说群；五是海外传说群。这些传说群中，密度最大的要数青田、文成的浙南传说群。

一、浙南传说群

　　由于浙南是刘伯温的故乡，因此也是刘伯温传说产生最密集的地方。这些传说或从其家世祖先、村落由来说起，如《磨垟降生》、《菩萨搬家》、《红米的故事》和《南田田土为啥恁肥》等，或叙述刘基的生平传奇，如《千读百温》、《伯温的由来》、《千里求师》、《寻师》、《游三阳》、《半个鸡头一杯酒》、《"诚意伯庙"的传说》和《三十六穴墓》等。在这里，他的形象不那么神秘和玄幻，而是充满了乡亲们为他而骄傲，对他热爱、理解与支持的情感。这是这一带刘伯温传说的特色。它反映了浙南这一地域物质与精神文化的方方面面，表达了浙南人民的传统文化心态和审美需求。在这些充满地域特色的传说中，包含了南田人对乡村历史的集体记忆，充满了叙述者对刘基的追思。又如，与全国其他地方五月五日过端午节不同，在浙南文成、青田一些地方，百姓却是五月初四过端午节。相传这是为纪念刘伯温之子刘璟而立的一大习俗。

明朝开国元勋刘伯温和他的长子刘琏，相继被胡惟庸害死。数年后，胡惟庸谋反被诛。刘伯温次子刘璟因平乱有功，得到了朱元璋的重用。

朱元璋有许多儿子，以第四子燕王朱棣最为强悍，常受父皇的称赞。因为太子朱标已死，朱棣得意忘形，自以为笃定做皇帝了。谁知朱元璋临死时，却立诏传位给他的孙子朱允炆。朱棣看到侄儿登上皇位，非常恼火，于是招兵买马，暗中图谋大事。

刘璟多次向建文帝朱允炆言明利害，提出讨伐大计。但懦弱的建文帝却认为骨肉至亲，不会有什么异心，反而认为刘璟无事生非，离间叔侄之情。因此，刘璟被贬官遣回故乡南田。

后来，燕王朱棣果然起兵直捣金陵，夺了皇位，就是明成祖。朱棣为了收买人心，降旨召刘璟进京封官。哪晓得刘璟托病不去。

刘伯温传说分布图

朱棣恼羞成怒,下旨逮捕刘璟。

这天正是五月初四,乡亲们因平时深受刘家的恩惠,一见刘璟被缉,都提前过端午节,包粽子的包粽子,煮鸡蛋的煮鸡蛋,送去给刘璟吃。

端午节早晨,刘璟起解了。乡亲们满脸泪痕,从刘璟旧居盘谷一直送他到兀五峰岭脚。就在这里,刘璟与故乡亲人诀别了。

明成祖朱棣见刘璟押到，赶忙给他松绑，劝他说："你乃忠良之后，见识广博，才华出众，自当为国出力，与朕同享荣华富贵……"未等朱棣把话讲完，刘璟轻蔑地看了他一眼，坚定地说："我刘璟自识廉耻，决不愿遗臭千古！"朱棣见他意志坚决，只得把他处死。

刘璟被害的第二年，青田八都、九都（今文成县黄坛、南田、西坑）以及景宁部分地方的群众，为了纪念刘璟，就都把端午节改为五月初四，习俗沿袭至今。

（流传地区：浙江省青田、温州、丽水等地　搜集整理：周文锋　赵圣怀）

二、南京传说群

在南京流传的刘伯温传说也比较多。较早的是《明季北略》中的记载："万历三十六年戊申，南京大水，禾黍俱无。凤翔袁应泰为淮徐道，黄河出碑，文云：'碑出干戈动，江东血水流。荒茫天地乱，发难鬼神愁。'末云：'洪武元年青田刘伯温书于昼寝。'淮徐道袁启未几，应泰经略远东，丧师失地，殆无虚日。"明末，刘伯温传说人物已与一些天灾人祸相连，可见此时刘伯温在南京士人心中已是一个神人。刘伯温这种神人形象至今在南京民间仍有流传，如《栖霞文史》记载的紫霞洞。在这里，刘伯温是周颠的弟子，并与他一起被供奉起来。此则传说也有来源，在《皇明英烈传》中，曾有言刘基向周颠求问天文书。因此在许多别的传说中，也把刘伯温与周颠联系在一起，如江西赣县的"烧饼歌——刘伯温的传说"，周颠授予刘伯温天书并为他讲解。

在南京，除"未卜先知"型刘伯温传说流传外，还有许多与风物相联系的刘伯温传说。如"刘伯温铁链锁孤舟"，说的是刘伯温与幕府山的动人故事。在"刘伯温与嘉善寺、城隍寺"中，说的是幕府山上的这两座寺与刘基的轶事。这些传说虽然荒诞离奇，但它却真实地反映了老百姓易于相信的心理特点，准确地体现了一般民众的文化层次和知识水平。

在南京的伯温传说中，较有代表性的是《刘伯温与太乙盆》：

传说在元朝末年，浙江南浔地方出了个沈万山。此人从小离开家园，东闯西荡，奔波多年，却一事无成。这一年他刚三十岁，因生活困难，忽然想起了早年的同窗好友刘伯温，打算请他帮个忙，弄个差使。但刘伯温在哪里呢？经多方打听，听说刘伯温在淤溪，他就找到淤溪；可刘伯温已去笠泽了，他便雇条船向笠泽赶去。

时值严冬，朔风凛冽。沈万山独个儿蜷缩在船舱里，冻得上下牙齿直打架。他探出脑袋来，向船家借火盆烤火。船家是母女俩，正在"吱嘎、吱嘎"划桨。船里没火盆，老婆婆找到一只锈铁盆给客人用。

沈万山在铁盆里烧上炭，烘了一会手，掏出荷包，想检点一下碎银子。哪晓得手一抖，有块碎银子掉落火盆里。一眨眼，整个火盆里竟堆满银子。他又惊又喜，不由得想起了几年前刘伯温曾经谈起过，天上有个"太乙盆"落在人间，它原是太乙真人炼丹炉的一只盖，只要一烧热，放金金满，放玉玉满，取用不尽。莫不是今日此宝竟落在我手里？有了它，我可以稳稳当当做富翁，用不着再去找刘伯温了。

这船的船主蓝妈妈是个寡妇，姑娘是她的独生女儿，名叫梨午。梨午今年已二十岁，长得像梨花一般白皙、美丽。沈万山就向蓝妈妈提亲。蓝妈妈见沈万山一表人才，先已欢喜，又征得闺女同意，就答应了这桩婚事。船上只三个人，没有媒人，于是就指那停船的水湾做媒，当夜在舟中成亲了——这个水湾后来就叫做"媒人湾"。

沈万山得了太乙盆，要金有金，要银有银，就在媒人湾东南面买下大片土地，盖起一座规模宏大、气派不凡的沈家庄园。

不久，朱元璋做了明朝开国皇帝，刘伯温当了国师。沈万山得悉后，便拣了个好日子去南京会见刘伯温。

阔别重逢，无所不谈。一谈到太乙盆，沈万山就沾沾自喜，趾高气扬。他夸口说："国在人手，财在我手，不相信可以比试比

刘琏、刘璟画像

试。"刘伯温劝说道:"我兄此言差矣!国在家在,国败家亡。皇上并没有亏待你,你怎可凭一时之兴,与朝廷去斗富争胜呢?"沈万山哪里肯听,竟在南京买下了富丽堂皇的住宅,开设了九个商栈、三个当铺,金银财宝越聚越多,几乎占了大半个南京。当年勤俭谦虚的沈万山,变得越来越狂妄,简直是不可一世。

刘伯温想:太乙盆呀太乙盆,你可使人变富,你更可使人变狂,谁得到了都无益处。于是下决心要埋葬这个太乙盆。

当时,南京城墙常常东塌西倒,刘伯温就乘机在朱元璋面前说:"这南京城是造在后土神方位上,后土神半年舒一次筋骨,一年翻个筋斗,月月移,年年变,所以城墙总不牢固。要使城墙不塌,只有在城基上垫个太乙宝盆,才能镇住后土神。"朱元璋忙问哪里可以找到太乙盆,刘伯温说出这个盆在沈万山手中。

当日,朱元璋便召见了沈万山,要他立即把太乙盆送进宫来。沈万山倒抽了一口冷气,张口结舌。刘伯温在旁说:"皇上要鉴赏一下太乙盆,你就快去拿来吧。"朱元璋也顺口说:"对,一更天送进宫,五更天就归还!"沈万山见圣旨已出,只得唯唯诺诺而退。

这夜,沈万山遵旨在一更天将太乙宝盆送进宫去,出来后就在宫门口等待。二更三更,好不容易等到四更。但打过四更后,再也听不到谯楼的打更声了。一直到天大亮,还是没有敲五更。沈万山急得团团转,只好进宫去讨。想不到太监回话说:等敲了五更再来取。原来朱元璋已经降旨，从这一天起，南京城里不敲五更。沈万山这才知道上了当，只得恨恨而归。

过些时候，沈万山再次到皇宫讨宝，这一回朱元璋大发雷霆，当场把他定了个欺君之罪。不过看在刘伯温面上，才将死罪改为活罪，解往四川充军。

沈万山定罪后，朱元璋又传谕在南京城恢复打五更。

聚宝盆埋了进去，城楼建好了。那个太乙盆呢，从此也就埋在南京城下，谁也见不到了。南京聚宝门的名字也由此而来。

（搜集整理：陶润浩）

三、北京传说群

北京是朱明王朝永乐皇帝朱棣建立的都城，是另一个刘伯温传说数量众多、颇有特色的地方。这里最著名的故事是刘伯温仿照哪吒形象画图，为成祖永乐帝建造"八臂哪吒城"。《八臂哪吒城》故事如下：

人人都说北京城是个"八臂哪吒城"。人人都说只有八臂勇哪吒才能镇服得了"苦海幽州"的孽龙。北京城究竟是怎么样修造这一座"八臂哪吒城"的呢？有一个北京流传已久的民间故事。

皇帝要修一座首都北京城啦，就派了工部大官去修建。工部大官慌啦，赶忙奏明了皇帝，说："北京这块地方，原来是个苦海幽州，那里的孽龙，十分厉害，臣子是降服不了的，请皇上另派军师们去吧！"皇帝一听，这话也有道理，没有上知天文、下知地理，上能知神、下能知鬼的"能人"，是无法修建北京城的。当时，皇帝就问这些军师。"你们谁能去给我修建北京城呢？"好多军师都是你看着我，我看着你，不敢答话，时间长了，实在不好不答话啦，大军师刘伯温说："我，我去吧！"二军师姚广孝紧接着也说："我也去！"皇帝老儿高兴啦，知道这两位军师能"降龙伏虎"，是了不起的人，就派了他们去修建北京城。

刘伯温、姚广孝领了"圣旨"，就到了现在北京城这块地方来啦。两人到了北京，在公馆住下后，就天天出去踏看地形，琢磨怎么修建让孽龙捣不了乱的北京城。大军师刘伯温是看不起姚广孝的，二军师姚广孝也是看不起刘伯温的。刘伯温说："姚二军师，咱们分开住吧，你住西城，我住东城，各自想各自的主意，十天以后见面，然后坐在一起，脊背对脊背坐着，各人画各人的城图，画好了再对照一下，看看两个人的心思对不对头。"姚广孝明知道刘伯温是要大显才能，独夺大功的，就冷笑了一声说："好吧，大军师说得有理，就这么办！"当下，两个军师就分开住住。起初两天，两个人虽然没住在一起，也没出去踏看地形，可是两个人的耳朵里，都听见一句话："照着我画，不就成了吗？"听这话，像是孩子的声音，清清楚楚地说个没完，这是谁在说话呢？怎么看不见人呢？照着你的"话"，你的"话"是什么"话"呢？刘大军师捉摸不透，姚二军师也捉摸不透。到了第三天上，两个军师都各自出去踏看地形去啦。刘大军师走到哪里，总看见有一个穿红袄短裤子的小孩子，在他前面走。刘伯温走得快，那小孩子也走得快，刘伯温走得慢，那小孩子也走得慢。刘伯温起初也没觉出特别来，后来他也有些疑心啦，就故意停住脚步，咦！真奇怪！那小孩子也站住啦，刘伯温琢磨这个小孩子是干什么的。另外，那姚二军师呢？也是碰见了这样的一个小孩子，姚广孝也捉摸不透这个小孩子是干什么的。刘伯温、姚广孝各自回到各人的公馆以后，耳朵里就又听见了那句话："照着我画，不就成了吗！"刘伯温在东城想，姚广孝在西城也这么想：难道这个红袄短裤子的小孩，就是哪吒不成？不像啊！哪吒是八条膀臂呀！刘伯温在东城想：明天再碰见这个小孩子，我要细细瞧瞧他。姚广孝在西城也想：明天再碰见这个小孩子，我要细细瞧瞧他。

　　一夜过去了，是两个人约会的第四天啦，刘伯温吃完了早饭，带了一个随从出去溜达了。他为什么今天要带随从呢？为的是想叫随从也帮他看看那个小孩是不是哪吒。住在西城的姚广孝，也是这个心思，也带了一个随从出去找哪吒。两个军师，虽然一个住在东城，一个住在西城，可是心思都是一样，听见的话都是一样，碰见的孩子也都一样，今天他们又都碰见那红袄短裤子的小孩子了。刘伯温、姚广孝今天碰见的小孩子，还穿的是红袄，还穿的是短裤子，只是红袄不是昨天那件红袄了，这件红袄很像一件荷叶边的披肩，肩膀两边有浮镶着的软绸子边，风一吹真像是有几条胳臂似的。刘伯温看了，心里一动：这不是八臂哪吒吗？赶紧往前就追，他想揪住这个小孩子，细细瞧瞧。没想到刘伯温追得快，那小孩子跑得更快，只听见一句："照着我画，不就成了吗！"那小孩子忽然就跑得没影没踪了，再也瞧不见了。刘伯温的随从，看见军师爷在大道上飞快地跑起来，他不知道是怎么回事，他在后面直喊："军师爷！军师爷！您跑什么呀？"刘伯温听见了喊声，就停住了脚步，问他的随从："你看见一个穿红袄短裤子的小孩子吗？""没有啊！咱们走了这么半天，不就是我跟军师爷吗！一个人也没瞧见呀！"刘伯温心里明白：这一定是八臂哪吒了。那姚广孝呢？姚广孝也碰见了这么一个小孩子，也追那个小孩子来看，也听见了那么句话，他的随从也没看见有什么人，他也明白了这一定是八臂哪吒了。

刘伯温回了他的东城公馆，姚广孝也回了他的西城公馆。刘伯温想："照着我画"，"画"一定是画图的"画"字，不是说话的"话"字，八臂哪吒要我照他的样子画城图，那一定是能降服得住苦海幽州的孽龙啦，好！我看你姚广孝怎么办？我看你姚广孝画不出城图来，怎么配当军师爷！那在西城住的姚广孝，也是这么想来着：看你这个大军师，"大"字得搬搬家！在第九天时，刘伯温就通知了姚广孝，明天正午，在西城的中间，脊背对脊背画城图，请姚二军师准时到场。姚广孝答应了。

　　第十天正午了，在城中一个大空场上，摆下两张桌子，两把椅子，椅子背对椅子背，刘伯温来了，姚广孝也来了，刘伯温说："二军师朝哪面坐呢？"姚广孝说："大军师住在东城，就朝东坐，小弟朝西坐。"两个人落了座，有随从给摆好了纸、笔、墨、砚，两位军师拿起笔来，刷刷刷地一画，太阳刚往西转，两个人的城图就都画完了。姚广孝拿起大军师画的城图来看，刘伯温拿起二军师画的城图来看，两人都哈哈大笑起来，原来两张城图都是一样，都是"八臂哪吒城"。姚广孝请大军师给讲讲怎么叫八臂哪吒城？刘伯温说："这正南中间的一座门，叫正阳门，是哪吒的脑袋，脑袋嘛，就应该有耳朵，他的瓮城东西开门，就是哪吒的耳朵；正阳门里的两眼井，就是哪吒的眼睛；正阳门东边的崇文门、东便门，东面城门的朝阳门、东直门，是哪吒这半边身子的四臂；正阳门西边的宣武门、西便门，西面城门的阜成门、西直门，是哪吒那半边身子的四臂；北面城门的安定门、德胜门，是哪吒的两只脚。"姚广孝点了点头说："哦，是了。这个哪吒没有五脏，空有八臂行吗？"刘伯温红了脸，说："哪里有没五脏的哪吒呀？死哪吒镇服得了孽龙吗？”说着，急急地一指城图：“老弟你看，那城里四方形儿的是‘皇城’，皇城是哪吒的五脏，皇城的正门——天安门是五脏口，从五脏口到正阳门哪吒脑袋，中间这条长长的平道，是哪吒的食道。”姚广孝笑了，慢条斯理地说：“大军师别着急呀，我知道您画得挺细致，那五脏两边的两条南北的大道，是哪吒的大肋骨，大肋骨上长着的小肋骨，就是那些小胡同啦，是不是？大军师画得挺细致！”刘伯温被姚广孝逗得急不得，恼不得的，反正“八臂哪吒城”的“北京城图”，是画出来了，大军师刘伯温没夺头功，二军师姚广孝也没夺头功，刘伯温还不怎么在意，姚广孝是越想越难过，就出家当了和尚，专等看刘伯温怎么修造北京城了。

刘伯温这么一修造北京城不要紧，没想到惹得孽龙烦恼起来，这才又引起“高亮赶水”的一大串故事来。

（金受申：《北京的传说》）

《北京的传说》有多种版本，在北京是个家喻户晓、老少传诵的民俗故事。故事称北京城由永乐皇帝的军师刘伯温与姚广孝竞赛，两人同时照着三头六臂的哪吒太子模样竞赛绘画城图，不过姚画的斜边少了一块，所以让刘伯温夺得头筹，建造了“八臂哪吒城”。故事虽是虚构，却有丰富的历史和民俗资料可以追溯源流。由刘伯温建造

"八臂哪吒城"的故事而展开, 又引出"高亮赶水"等一大串故事来。

除《八臂哪吒城》这一系列的刘伯温传说之外, 北京流传至今的刘伯温传说还有十几个, 它们大多被收录在20世纪八九十年代兴起的民间文学搜集活动的成果中, 如《燕京传说》、《中国民间

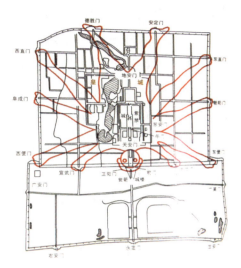

哪吒身躯与北京内城相应会意图(陈学霖著《刘伯温与哪吒城》)

故事集成·北京卷》等。这些传说中展现的是刘伯温的仙道形象, 如《刘伯温与九龙杯》, 把刘伯温与李淳风牵扯在一起, 凸现刘伯温的神异之处;《刘伯温法源寺画竹》, 说刘伯温画的竹子, 竟能听到风声。在《刘伯温砸碑建庙》、《刘伯温私访"圣人府"》、《诸葛武侯灵昭刘伯温》中, 把刘伯温与诸葛武侯相媲美, 认为刘伯温和诸葛亮一样, 是智慧的象征。这些传说的主题, 集中体现了刘伯温足智多媒、仙风道骨的形象。

四、国内其他地方的刘伯温传说

根据学者周元雄研究, 刘伯温传说除上述地域流传之外, 还涉

及河南、福建、陕西、四川、宁夏、内蒙古、山东、河北、安徽、江西、广西和台湾等广大地区。在安徽，流传的刘伯温传说主要有《刘伯温在西海》、《刘伯温以猫看俞府》、《刘伯温与淮河鲤鱼》以及保存在《洪武奇观》一书中大量与朱元璋有关的传说，如《强请刘伯温》、《龙湾大捷》、《夜取江州》、《南京鼓楼打四更》、《刘基告老》、《诸葛亮灵昭刘伯温》以及《屈处刘伯温》等。这些传说中，虽说是以朱元璋的名义搜集的，但主角还是刘伯温。其中大部分传说称颂刘伯温的智谋韬略，体现的是民间对他这样一个智慧人物的崇敬之心与热爱之情。

　　在陕西、四川一带，刘伯温传说有着与别的地方不同的特色。这两个地方的传说都讲刘伯温不服诸葛亮，要和诸葛亮较量较量，最后心服口服。如在《中国民间故事集成·陕西卷》中陕西省礼泉县关于他的传说："……有一回，刘伯温带领大军，扫平南方的割据势力，引兵回朝。路经诸葛亮留下的碑，他一看碑上的话：'诸葛征南蛮，无人到此间'，便哈哈大笑起来：'诸葛丞相呀，你说无人到此间，我怎么到了这里？人都说你神机妙算，能知道未来的事情，看来也是言过其实了。'又说：'你能干，只保刘备得了三分天下，我刘伯温不行，却保我主坐了一统江山。'说着，就叫卫士们把石碑推倒了。谁知大碑被推倒，里面又套了一通小碑，上面刻着这样几句话：'推倒大碑有小碑，你不该路过把我欺。我算我身后生伯温，你算你身后生何人？'刘伯温顿时惊得发呆，连忙跪下说道：'诸葛丞相，我实在佩服你了！'连连叩头，欲起身前行。谁料刘伯温这一跪下之后，就再也站不起来了……"最终落得"卸甲服诸葛"。四川的"刘伯温拆塔"，情节与此相似，主要寓意却用来说明有见识的人时刻能检讨自己的言行。这些传说的情节都把刘伯温与诸葛亮相比较，似受北京几个刘伯温传说的影响所致。但也存在这么一种可能，即是诸葛亮传说在这里比较盛行，民间关于刘伯温的事迹传开后，然后才生发出此类刘伯温传说。此类传说一经产生，便因诸葛亮和刘伯温共同的力量，而流传至北京。

这些传说主要记录在《中国民间故事集成》各省分卷中。《中国民间故事集成·河南卷》中搜集有《刘伯温赠珍珠》，说的是刘伯温神机妙算。河南省扶沟县卷流传的《刘伯温访真主》，说的是刘伯温是一个算命先生，经常在集镇上摆卦摊。朱元璋很有志向，常想找刘伯温给他算一下，今后前途怎样，可刘伯温就是不给他算。《中国民间故事集成·福建卷》搜集的也是刘伯温与朱元璋作对的故事。《中国民间故事集成·宁夏卷》收录的是"刘伯温讨封"。在此传说中，刘伯温是一个滑稽人物，总想成仙。此地的传说可以说是与其他刘伯温传说的关系最为疏远的一个。这种传说如何历史地形成，是一个比较有意义值得探讨的问题。

在内蒙古，流传着一个大明永乐皇帝如何建造北京城的故事传说。此传说杂糅蒙古传说及汉人历史，叙述了从元末汉人起义，蒙古末帝妥欢贴睦尔合汗出走大都，元朝灭亡起，到传闻称为其遗腹子的"元太子"登位，继承养父太祖为明朝的永乐皇帝为止这么一段历史。其中关于刘伯温的部分不多，仅有"永乐帝照其母指示，请父皇派遣谋臣刘伯温随行，到了成地，遇到黑脸黑骑异人指授，便请刘伯温依计建造都城"一段。此故事的目的是宣传永乐皇帝为妥欢贴睦尔合汗的遗腹子，因此元朝虽亡，统治中国明朝的仍是蒙古人的后裔，以此作为蒙古人丧失天下的心灵慰藉。刘伯温在其中是一个缔造北京城的大建筑师。

在山东，有《斜山刘伯温洞》、《刘伯温的传说》、《刘伯温抓山搭海桥》。张崇纲搜集整理，侯成臻口述的《刘伯温抓山搭海桥》这个故事，是青岛崂山一带的风物传说，讲述的是刘伯温与张果老打赌，要在一夜间修造一座海桥，巧妙地解释了崂山海边石山七高八低的来历 。与其他地方相比，山东流传的这三个刘伯温传说中，刘伯温的仙道形象更浓一些。

此外，在江西，流传的刘伯温传说有《烧饼歌——刘伯温的传说》和《刘伯温过乐平》；在河北有《刘伯温和宁晋铁佛寺》、《刘伯温辞朝》、《刘伯温借盘缠》等，都较有特色。

五、远播台湾及海外

在台湾，自清末被日本占领不久，报纸上就出现了有关刘伯温谶言的报道和讨论，流传"救劫碑文"的故事，还建有刘伯温庙。此外，刘伯温传说还在朝鲜、韩国、日本及东南亚等国广泛流传。

在朝鲜，全寅初教授在他的论文《〈刘文成集〉传入朝鲜的情况及与刘基有关的三种小说》中说，刘基不仅在中国是著名的历史人物，在朝鲜历史上也是充满传奇色彩的人物，是智慧和忠义的化身，堪称楷模。朝鲜王朝后期，刘基文集及其著述被收藏在朝鲜王室图书馆奎章阁，广为人知。此外，在朝鲜与刘基相关的还有三篇小说：撰写刘基生平传记的《南溪演谈》，讲述刘基后裔刘炫之子刘延寿家事的《谢氏南征记》，讲述刘基第十三代孙刘寻和其子忠烈英雄故事的《刘忠烈传》。它们也都被收藏在王室图书馆藏书阁和乐善斋文库中。在当时朝鲜朝野上下反清尊明、讲求气节的时代背景之下，刘基忠义正直而又波澜曲折的一生，不仅足以使他成为小说《南溪演谈》的主人公，连他的后辈也被描写成了忠义勇武的英雄。

在美国，著名学者陈学霖教授对刘伯温传说的研究从他的博士论文《刘基：一个中国皇帝的谋士的双重形象》起，就一直关注刘伯温传说的研究，在这方面的著作颇丰。随着中外文化交流日益广泛，刘伯温故事被翻译成英文、日文等，引起了外国人士的注意，使刘伯温传说在某种范围内产生了国际影响。

[叁]浓郁的地域印记

刘伯温传说的地域印记比较鲜明，无论讲到人和物，都饱含着浓郁的地方色彩。乡土情感对刘伯温传说的演变传承，起到了重要的作用，是各地刘伯温传说变异的关键原因之一。刘伯温传说往往与当地的景观建筑、风土人情、风俗习惯、特色小吃等紧密结合，形成了一道亮丽的地域文化风景。如北京的日坛、月坛及什刹海等。在浙南，刘伯温传说的传承者很多是刘基的后裔，由此决定了浙南的刘伯温传说，有许多就是夸耀其祖先丰功伟绩的。这些传说在真实历史的基础上进行夸张，结合刘伯温故里美丽的山川，来反映他们对家乡、祖先的热爱与自豪感。浙南刘伯温传说的其他传承者，也多以刘伯温故里人为荣。在这些地域文化中，刘伯温成为贯通上下古今传统文化的纽带。

一、与山水景观结合

自古名人多与山水附丽，名人因山水而增辉，山水因名人而添色。山川风光天长地久，寄托于山水的传说必然世代相传，千古不衰。刘伯温曾在景色幽美的石门洞攻读，那里的《白猿洞得天书》、《乌龟岩》、《老僧坐化岩》、《藏书石》、《国师床》、《六月笋》、《金鸡报晓迟》等传说，把刘伯温印迹熔铸于青山绿水之中。刘伯温出生在南田武阳，那一带的《天葬坟》、《国师骑马岩》等传说，都打上本乡本土的烙印。刘伯温路过（或影响所及）的地方传说，如《伯温泉》、《黄金路碑》、《温州是船、魁屿是锚》等，把刘伯温的足迹镌刻在各地的山水之中。人们的想象与当地独具特色的山水景

物结合，便产生了与
众不同的传说故事。

二、与地名结合

地名是地方的
符号，是区别地域的
文字标志。刘伯温传
说向地名渗透，以地
名为载体，与地名一

刘伯温传说故事及研究书籍

起代代相传。青田县章旦村，相传是因刘伯温为减免青田的税赋在
这里通宵达旦写奏章而得名。丽水的草鞋坑，相传因刘伯温在这里
找到壮士丢弃的草鞋而得名。青田县小溪乡过海村，是古时潮水曾
经到达的终点，刘伯温至此必弃舟步行，因而村名就叫"过海"。温
州的"五十丈"、"百里坊"、"万岁抬头"、"矮凳桥"，龙泉的"蜈蚣
街"，以及其他一些地名，都与刘伯温有直接或间接的关系。人们一
到这些地方，便会想到刘伯温的故事和功绩。

三、与自然现象结合

民间将刘伯温传说融进与人们生活相关的自然现象中，以此来
解释自然现象。如《南田田土为何恁肥》说：刘基在京都做官，忘不
了家乡的种田人。他看到京都的土质好，趁回乡探亲之便，挖了一大
袋烂泥，打在包袱里面带回九都南田：

　　家僮前面背包袱，刘基后面慢慢走。来到金华一个叫十里丰的地方，刘基见这一带草木不生，就到山上看地形，走慢了一步。家僮看刘大人未跟上，也坐在路边歇力。正好肚饿了，心想包袱恁重，肯定有吃的，也好填填肚。打开包袱，家僮看呆了，吃的东西一点也没有，全是烂泥。他想，大人真古怪，叫我背这烂泥，重重的，背煞我了。这分明是大人戏弄我，测测我聪明不聪明。若把它背到九都，岂不笑我是背泥的奴才坯吗？想到此，他就不管三七二十一，掣起烂泥就倒，倒在离路丈把远的田垟里，拔来草，重新把袋塞得满满的，仍旧背在肩上。

　　刘基看完山形，赶上家僮，一直到了九都，还不晓得烂泥已被倒掉。

　　第二日，他准备把烂泥撒到南田垟心去。解开一看，却是一些枯草。他叫来家僮一问，才晓得泥被倒了，口口声声叫可惜，怨家僮不懂人事。只是泥已倒掉，不好再取了。刘基只好把这些带回的枯草踏入田垟中，把袋内的泥粉刷了一下，全抖在田垟里，边抖边念：

　　泥在半路丢，　好得有粉留。

　　肥泥拌瘦土，　大水不漂流。

　　草烂土质变，　丘丘如猪油。

　　大旱晒不死，　年年有好收。

本来南田九都山的田垟，土质差，自从刘基把草踏到田中，用这些泥粉拌起来，土质就变好了。从此，南田爿爿田垟都有清水长流，田泥肥得流油；若逢大旱年间，禾苗还越晒越好。

听讲，十里丰这地方原来净是碱土，稻都种不起，自从刘基的家僮倒落京城背来的烂泥后，这里才种起了水稻来。

（流传地区：浙江省青田、温州、丽水、金华等地　搜集整理：雷德宽）

在这里，人们对给自己带来丰衣足食的这片富饶土地充满厚爱，把这种爱与颂扬地方名人结合起来。同样，瓯江潮水为什么涨到青田平演为止？解释为：因刘基口祸，洪武帝要杀刘基。刘基连夜逃出京都。当逃到温州瓯江口时，刘基见前面有瓯江挡路，后面有追兵赶来，非常危急。此时恰好瓯江潮神经过，见刘基有难，涨潮送刘基。坐在船上的刘基，猛见江水涨高，下游两岸的田地、民房被水淹没，为了个人而使民众遭受灾殃，他于心不忍。于是赶紧走上船头，甩甩袖子，大声喊道："潮水免送，潮水免送！"

说也奇怪，刘基的话一叫，这潮水真的就不涨了。从此以后，每年最大的潮水都只涨到县下滩为止，再也没有向上涨过。

人们对刘伯温的崇敬，借助瓯江潮汐予以表达。类似的故事还有《刘伯温岭根灭蚊精》、《石门洞鸡鸣报晓迟》等。

四、与特产结合

瓯江自石门洞以下的水域，每逢夏天有"涂鱼"逆游。传说涂鱼
是白猿仙姑投叶变成，成为刘伯温佐餐下饭之物。刘伯温用这种鱼
给朱元璋下酒，朱元璋龙颜大开，被"圣口"封为"国师鱼"。龙泉、
景宁、庆元一带特产香菇，是刘伯温将其进贡皇上并讨来专利权的，
于是刘伯温被奉为香菇神（称"师傅"）。 青田的"图书石"，因为
刘伯温的关系，也曾称"刘山石"。温州的"红花芋"，色红多粉，相

刘伯温读书处——青田石门洞远眺

传是朱元璋、刘伯温攻打温州时发现的,称为"洪武芋"。这些特产,都与刘伯温相攀。

五、与风俗结合

据传,温州的放焰火、中秋月饼,青田民间的简易官房、凤凰床、量具方升、坟前竖墓碑,青田人喜欢用猪脚送礼,文成山区农家刻有"九世同堂"的箸笼,青田、文成的民间舞鱼灯,以及五月初四过端午,还有糖人担所立的祖师爷等,都出自与刘伯温有关的种种美谈。

[肆]承载民间信仰

刘伯温传说来源最主要是来自民众自身的民间叙事。无论是刘伯温"智慧人物"类传说,还是刘伯温"为民做主"清官类传说,或刘伯温"仙道形象"类传说,都是民众根据自身的价值观,在原有的民间叙事模式下产生的。从中可以看出民众对刘伯温的传说,有着自己的评判与选择,也有着自己的利益表达。民间信仰是刘伯温传说流传盛行的一个关键的因素。

中国的道教思想和特有的风水信仰,也是许多刘伯温传说得以广泛流传的基础。如《刘伯温剑开砖堰山》,如果没有人们关于"先人葬龙穴能佑后人飞黄腾达"的风水思想,就不会出现刘伯温寻龙脉的传说,而现实生活中刘基所做的事——为朱元璋选宫址也不会演化成为明成祖建都城,更没有《明十三陵》的传说。这些传说反映中国人特有的风水观念。

刘伯温传说中的许多故事，如描述他勤奋好学、关心百姓疾苦、惩治贪官、除暴安良的事迹，反映了民众对历史现实的理想期待与道德评价。

刘伯温尊重劳动人民，体恤担盐客的疾苦，在一次作战中，刘伯温得到卖盐客的救援，渡过了缺盐难关。从前，南田刘基庙正堂左右前方塑有担盐客的像，象征刘伯温与劳动人民的血肉联系。刘伯温智救建文帝的智囊箧，也被作为智慧的物象化标本供奉在刘基庙中，并附会了许多未卜先知的传说。相传丽水的丽阳佛化乌靴为船，引渡刘伯温脱险，于是南田塑有"丽阳圣帝"。旧时农历六月二十八，南田人照例抬着丽阳佛巡游一番。刘基庙是刘伯温的纪念堂，刘伯温的智慧功绩，可以从寺庙和它的寓物传说中找到影子。

传说中的刘伯温，料事如神、谋略超人，下知地理、上晓天文，尤其是他能神机妙算、预知未来，充满传奇色彩。许多故事中刘伯温对结果都没有明指而是充满隐喻，具有中国式的风趣与汉语言独特的机智，闪烁着智慧的光芒。

刘伯温传说中有许多故事是从流传的其他故事、历史人物掌故演化而来的。其中与诸葛亮的故事相互借鉴，就是一个典型的例子。许多传说都可以在其他地方找到相似的影子。民众促成刘伯温传说广泛流传的一大因素，就是借鉴民间故事原有的叙事模式来赞扬他们心中的英雄。通过此种"粘附化"让刘伯温传说具有独特的开放性,众多故事依附到他一个人身上,滚雪球似的越聚越多,最终形成现今蔚为大观的传说。由于刘伯温传说在民间口头流传,有些讲述者在传说流传过程中进行加工创造,使有的刘伯温传说同一个故事会在不同的地方有不同的版本。

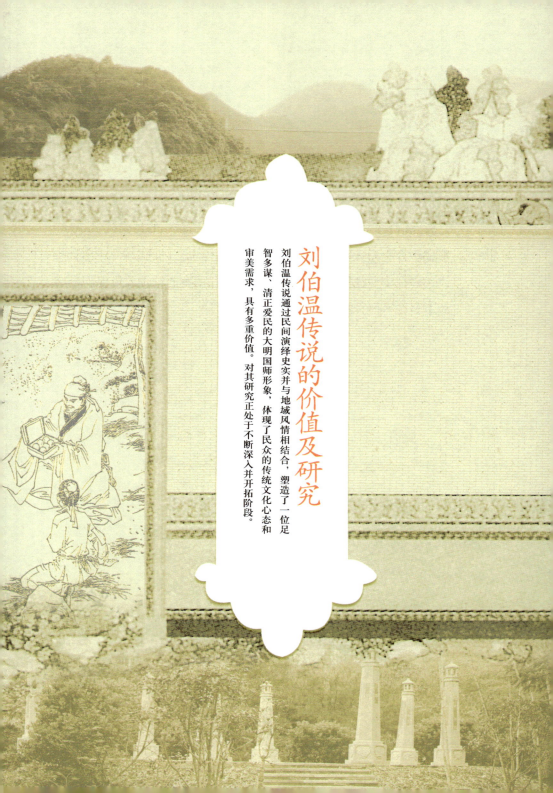

刘伯温传说的价值及研究

刘伯温传说通过民间演绎史实并与地域风情相结合，塑造了一位足智多谋、清正爱民的大明国师形象，体现了民众的传统文化心态和审美需求，具有多重价值。对其研究正处于不断深入并开拓阶段。

刘伯温传说的价值及研究

[壹]刘伯温传说中的刘伯温形象

　　综观流传在各地民间的刘伯温传说，我们可以看到一个形象丰满的刘基，可以看出刘伯温传说在各地内容的不同，以及所体现出来的传承人对故事主人公的情感的差异。因而，我们可以理解同一传说会有不同的内容，从中还可以看出传说流传、演变的规律及相

刘伯温传说故事及研究书籍

关因素。不同地区、不同时代的人可以对同一个主题进行符合自己需求的加工。这为我们今天的民俗旅游提供了绝好的资源。但值得注意的是，传说的产生、流传、演化、接受均有其自身特有的规律。在运用刘伯温传说为今天的经济文化服务时，尤为要紧的是应遵守它内蕴的规律，使刘伯温传说越传越美，越传越久。

一、满腹经纶的大明国师

在民间，人们主要把刘伯温作为朱元璋的唯一谋士，一位辅助朱元璋东征西伐建立大明王朝的国师、军师。此时，人们往往把刘伯温与诸葛亮相提并论，说"三分天下诸葛亮，一统江山刘伯温"。此类刘伯温传说在很多时候与朱元璋相联系。因为故事往往围绕朱元璋展开，从刘伯温能识天命所归，来讲述朱元璋成为真命天子。在这些传说中，人们往往称赞刘伯温的过人智慧，或凸显朱元璋的凶残、粗俗等。如在温州广为流传的风物传说《百里坊》中，就把朱元璋贬为一条天狗，说朱在碰到守护温州城的白鹿神时束手无策，靠智谋过人的刘基给他出谋划策，才得以攻下温州城。民众在讲述这个传说时，往往会把两人进行对比，反映了民众鲜明的价值观。刘伯温作为国师的传说有《应天鏖战》、《中秋月饼》、《白鹿城》、《智歼陈友谅》等。

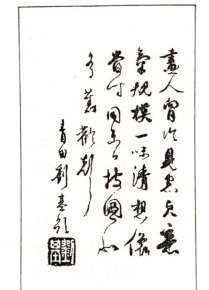

刘基手迹

二、思维敏捷的智慧大师

在民间传说中，刘伯温作为一个智慧人物的形象很出众。仅在浙南流传的此类刘伯温传说就有《刘伯温巧断黄豆案》、《刘伯温巧断牛犊》、《黄金路碑》、《百里坊》、《挂芝麻》、《刘伯温巧用蜘蛛网》等一批，在其他地方也有如《刘伯温巧画妙谏》的传说，借以夸赞刘伯温的聪明才智与为民作主的优良品格。例如《刘伯温巧断牛犊》的传说：兄弟俩有两条母水牛，同时生下小牛犊，但其中有一头死了，于是两兄弟争了起来。刘基巧妙地把小牛犊牵到河对面，其中一条母牛下水过河，事情自然明了。刘伯温的智慧，是通过他巧妙地利用母牛与牛犊之间天然感情的联系来表现的。再看广为流传的《公鸡诗》传说：粗通文墨的朱元璋，喝了点小酒，就要吟诗作对，吟出"公鸡叫一叫，尾巴翘一翘；公鸡叫两叫，尾巴翘两翘"这样惹百官暗笑的陋诗。然而，经过刘基神奇的点拨——"月色无光，赶快添灯"，朱随即顺口吟出了"三声叫得红日出，驱散残星朦胧月"这样具有宏伟气魄的好诗，瞬间仿佛换了个人似的。

三、为民作主的廉明清官

还有一类是赞扬刘基为官公正的传说。这类传说在刘伯温传说群中不大为人注目，数量也只有少数几个。比较有代表性的传说有《链锁"庙顶神"》、《高安县判案》、《火烧紫阳观》、《论相》、《半副銮驾》和《刘青天》等。此类传说的核心情节是历来民间早已存在的文化元素，粘附在刘基身上形成新的民间传说。

《高安县判案》塑造的就是刘伯温为民请命、除恶务尽的清官形象：

　　高安县的县令是条懒虫，刘伯温来到高安县为县丞，他就把朝政所有的事儿都推给刘基去办。

　　刘伯温想，要当好官，就要了解民情。要想了解民情，就不能出门衙役呼道，乘坐大轿，只能独来独往，微服察访，探获民冤，然后惩恶扬善。于是，他常化装成各类人物，深入民间。

　　一天，刘伯温化装成一个农夫来到一个村庄，忽然听到一对老年人悲凄的哭声。他循声来到一座破房里，房里有一病重卧床的老汉，还有一个瞎眼的婆子。原来，这对老人的儿子遭冤吃官司，被关在县狱内，家中无米下锅，也无钱买药。刘伯温立即从衣袖里掏出几十枚钱送给老人，叫他先去买点米，买点药，以解燃眉之急。老两口问他是谁，他说是他们儿子的朋友，可老汉怎么也想不起儿子有这么一位好朋友。过了几天，蒙冤的儿子被释放回家了，才知道这位恩人就是县丞刘伯温。

　　刘伯温微服察访，一连平了几件冤狱，解了几件民间纠纷，高安县的街头巷尾老百姓议论纷纷：新任县丞刘伯温大人年轻有为，秉公办事，真是个青天大老爷。

　　这一天，刘伯温化装成一个儒生，来到锦江畔隆生酒楼。叫了几样小菜，温了一壶酒，一边饮酒一边听着边上几个人的谈话。

忽地，传来一阵吵闹声。

刘伯温循声看去，见店老板拉着一个衙役要他付酒钱，衙役挣脱店老板扬长而去。

边上酒桌上的几个人便议论起来。

有人说："这个刘伯温大人，我若有机会碰上，倒要问问，他若有胆量为民作主，就该先处罚几个狐假虎威的衙卒给大家看看。"

有人接着说："是啊！皇帝江山就败在身边奸臣的手中，许多为官者的名声就败在他身边的兵卒。管不好身边人的官就不是好官。"

刘伯温听了他们的谈话，急急回到衙门，立即叫来那个名叫钱三的衙役，训斥了一顿，令他即刻前往酒楼，送上酒钱，并向店老板赔礼道歉，又罚了他半月的俸银。

过了几天，刘伯温又化装成一个老头模样来到酒楼。刚好这天，衙役李五来到了酒楼。

李五酒足饭饱，站起来就想走，店老板拉住他讨酒钱，李五不但不给，反而踢了店老板一脚，然后扬长而去。

化装成老头模样的刘伯温扶起店老板说："店家，我去县衙为你讨回个公道。"

刘伯温回到县衙，立即召集全体衙役，怒气冲冲地喊道："李五，你可知罪？"

秉公断案，名扬高安（写意）

李五还想狡辩，假作不解地问："老爷，我何罪之有？"

刘伯温一拍惊堂木，厉声喝道："大胆李五，酒楼饮酒不付酒钱，反而行凶踢翻店家，还不认罪。左右，将李五责打二十大板！"

李五被打了二十大板，最后被逐出县衙。

刘伯温以此警戒了众衙役，又与他们约法三章。众衙役从此后再也不敢到外面作威作福，危害老百姓了。

从此，刘伯温在高安县老百姓心目中，威望越来越高，关于刘伯温的传说也愈来愈多，愈传愈神了。

（《严惩衙卒》，流传地区：浙江省温州、丽水　搜集整理：周文锋）

刘伯温归隐回到南田盘谷老家，远近的亲戚朋友晓得了，都来拜望他。刘国师穿的还是粗布便衣。他跟过去一样，同大家讲种田，叙家常，一句不提自已怎样辅佐朱元璋打江山的功劳。而大多数官吏是高高在上，欺压百姓，百姓对他们是冷漠的、憎恶的。《蓑衣县令》就通过刘伯温将那"青田县令"奚落得体无完肤：

青田县官也听到刘国师回乡的消息了。他想，若能攀上国师大人，马屁拍得牢，只要国师在万岁面前讲几句好话，自己就会高升。他赶紧备了三担礼物，坐上大轿，到南田求见。不料，家僮出来传话说："国师吩咐，坐轿的不见。"

县官舍不得放过这个好机会，第二天他骑着马来求见。家僮又传出话来："国师吩咐，骑马的也不见。"

青田县官听了，真是丈二和尚摸不着头脑，问家僮："国师爷向来都不见人吗？"

家僮说："不，国师爷说，在朝是官，回家是百姓。如今在家，他吩咐，只同着粗衣的人相见。"

不过，青田县官想见刘国师心切，一时把"粗衣"错听做"蓑衣"了。第三天，天上没有一丝云，日头火正猛，他身披蓑衣来了。这个平日穿惯绫罗绸缎的老爷，一穿上蓑衣，那棕毛戳着流汗的皮肉，又痛又痒，真难熬啊。一路上，老百姓见这官大晴天穿蓑衣走路，缩头缩脑，一扭一扭受罪，个个都抿着嘴笑。一班小儿还拍着巴掌，像看猴戏一样跟在他后面跑。有个小儿还念出一段顺口溜：

稀奇真稀奇，晴天着蓑衣；

不是大水鸭，定是发瘟鸡。

青田县令红着脸，低着头，只当没听见。来到刘家门前，对家僮讲："今日穿蓑衣的求见！"

家僮仔细一看，这着蓑衣的就是前两日来过的县令，就捂着嘴跑进后院。不一会，家僮递出一张字条，立即关起大门。

青田县令一看纸条，上面写着"一律不见"四个字，只得带着随从，溜走了。

此后，当地人就称这位县令为"蓑衣县令"。

（流传地区：浙江省温州、丽水　搜集整理：周文锋　夏克旭　林建南）

传说中刘伯温的清官形象，其实包含着民众对政治道德的一种诉求。在封建社会，那样的清官，那样的政治道德，实际上是绝无仅有的，只是民众的一种奢望。

四、预知未来的预言大师

刘伯温的这一形象，更多的是体现在民间的一些精英分子对刘基的附会中，如以前面《烧饼歌》为代表的一些谶纬，以及在历史文献中的文人叙事。在民间传说中也有此类刘伯温传说，但是不多，它们大致可以分为两类。一是历史文献中记载的流传到民间而形成的刘伯温传说，如浙南流传的《智囊箧》。《智囊箧》的大意是：当年刘基助朱元璋打下天下后，朱元璋要万世相传他的帝位，问刘基如何教他子孙永保江山。刘基给了他一个用铁水封铸的小铁箱，里藏锦囊一个，后来惠帝靠它逃出皇宫。这就是民间流传的刘伯温未卜先知的故事。

"智囊"式的刘伯温传说其实在很久以前就已出现。如刘基之孙刘廌托他老师黄伯生所写的《诚意伯刘公行状》就说，朱元璋派都督冯胜带兵攻打某城，叫刘基授予方略。刘基就把方略写在纸上，让他半夜出兵。纸上是这样写的：到某个地方，看到某方青云升起，就开始伏兵；接着有黑云升起了，便是敌方正埋伏着，慎勿轻举妄动；次日中午后黑云渐薄，飘回跟青云相接，这时敌军撤回了。这时候，我军士兵要口衔枚子（形如筷子），以防喧哗，轻手轻脚，紧跟其后，突然袭击，一举可灭。对这个锦囊妙计，大家开始还不信呢，可到了半夜，到达指定地点，果然有青云黑云陆续升起，大家才觉得神奇，不敢违背，最后大获全胜而归。

　　刘伯温传说中的预言故事往往采用谐音、双关、反转等手法，显得既明了又含蓄，既通俗又不粗鄙。如《朱元璋三试国师》：

　　　　朱元璋瞧了一下盖着的芝麻饼，盯着刘伯温说："先生，听说你神机妙算，未卜先知，可知这盘里盛着什么？"

　　　　刘基眼尖，早看到盘边掉着几颗芝麻，心想，早听说朱元璋爱吃芝麻饼，又有芝麻掉在盘边，且盖下平平的，定是芝麻饼。盘边掉着芝麻且很少，肯定刚吃了一口。于是，刘基很有把握地说："半似日兮半似月，定是金龙咬一缺。此食物也。"

　　　　朱元璋稀奇不已，说："一点不错，果然是先生神机妙算。唉，对了，先生，姜子牙能算出周朝八百年天下，诸葛武侯能知生死祸福，你能不能算一算我朱元璋有没有天下？"

　　刘基沉思一下，回答道："主公必一统天下。"

　　朱元璋接着问："那我有多少年天下？"

　　刘基回答道："八百嫌少，三百嫌多。"

　　朱元璋不解地问："怎么说是八百嫌少，三百嫌多？"

　　刘基笑笑说："江山久暂，视民心向背而定。主公胸怀大度，日后必万子万孙方尽。"

　　（流传地区：浙江省温州、丽水　　搜集整理：闻风）

　　以上预言中最关键的一句是"日后必万子万孙方尽"。这句话表面上看是吉语，说明朝将会千秋万代，永无尽期，但这是一句隐语，却另有深意。后来，明朝到熹宗皇帝时已是病入膏肓，接着，崇祯皇帝吊死煤山，明朝灭亡。而熹宗皇帝恰恰是万历皇帝的儿子，崇祯皇帝恰恰是万历皇帝的孙子。所以才有"万子万孙方尽"之说。

　　另有一些受历史文献叙事影响，其人物形象未变而民间另外生发的传说，如河南流传的《刘伯温赠珍珠》：

　　　　刘伯温去世二百年后，有个姓杨的知县这天出外察看民情，来到一条大河边，看到河边一座坟墓快被河水冲垮了，一打听，才知道是刘伯温的坟墓。杨知县暗自发笑：传说刘伯温神机妙算，能知未来祸福,他老先生死后咋会埋在这里呢?怎么就不知道河水会把坟墓冲毁?可见传说全是假的。

杨知县念起刘伯温是开国功臣,就派人为他选了一块名叫安乐窝的坟地,并亲自招呼着给他迁坟。在起墓时,挖出了一个小瓷罐儿,里头装着珍珠,知县忙叫一个随从收拾起来。最后又从棺材下面挖出一块小石碑,上面刻着这样几句话:

感谢知县杨大哥,

你把我挪到安乐窝,

我赠你珍珠十八颗。

若是珍珠少一个,

请往随从袖筒摸。

杨知县叫随从拿出瓷罐儿,倒出珍珠一数,真的少了一颗,追问随从,都说没见。杨知县往收拾瓷罐儿的那个随从袖筒里一摸,果然摸出了那颗珍珠,就训斥他:"刘伯温二百年前就算出你要偷走一颗,还敢抵赖?看看这石碑上是咋说的?"就大声念了一遍。众人一听吃了一惊:"呀,刘伯温真是神机妙算呐!"

民间传说中刘伯温预知未来的形象,从源头上讲,明显是受民间讲史《英烈传》、《续英烈传》,尤其是著名谶纬之作《烧饼歌》的影响而产生的。刘伯温的这种形象,在现在收集到的刘伯温传说资料中不是很多，这一形象主要出现在一些文人笔记中和地方文化精英对刘伯温的附会上，如《烧饼歌》、《回天碑》等。这类传说在以前的一些选本中少有收集，可能因所涉及的"迷信"因素比较浓厚，所以在选编的时候被筛选掉了。

五、通晓阴阳的风水宗师

传说中，刘伯温是一代风水宗师，有关他看风水的故事，几乎流布全国各地。民众尤其乐于把刘伯温演绎为一个风水先生。在笔者所见的刘伯温传说资料中，此类传说占刘伯温传说总量的五分之一还多。刘伯温的风水传说，有破风水的，有采风水的，也有关于如何改造风水的。讲述刘伯温寻找风水龙脉的故事，在全国大部分地区都有流传。浙江流传的"刘伯温破风水"传说、安徽巢湖流传的"刘伯温为主破风水"和南京"刘伯温凿井治龙"传说等，其主要情节都是刘基为朱明王朝探寻风水宝地，或是建城，或是建坟。还有传说刘伯温能劈山开河，能预知未来真龙天子的诞生等。如《湘湖泉的传说》：

> 刘国师是个道行很深的人，他受朱元璋钦使，肩背神剑走南行北，若遇见龙脉，即挥剑斩除，为朱家王朝除绝后患。
>
> 这一天，刘国师来到湘湖。他早就听说湘湖曾是神仙点化过的，这里的山水有仙气，今日一见果然不同凡响：只见这湘湖三面

环山，共有九十九条从上而下的山溪，每条山溪都隐在岩石的攀藤之间，这九十九条具有阴柔之气的山溪长年累月与这阳刚之气的湘湖相伴。溪湖相交，日后必出真命天子。

可用什么方法破呢？这是个难题。刘国师在湘湖周围盘桓，苦苦地思索破除之法。

这一天，已经筋疲力尽的刘国师来到一个山脚下，看到一块石头，就势坐下歇脚。谁知一坐下，疲劳袭来，人就昏昏入睡了。这一睡也不知睡了多少时候，醒来时发现腰间佩着的神剑已出鞘，剑头直抵着石头下的土，土中已渗出水。那水如珠般往剑上跳着。刘国师一惊，神剑怎么出了鞘？转而一看即喜上眉梢，原来剑头顶着的即是湖与山溪之间的命脉，那渗出如珠之泉即是命脉之水。只要凿断命脉，让命脉之灵气变成一潭泉水，让过往行人和山间鸟兽用以饮食，其灵气便可破除，此处就只能有好山好水而不会出帝王了。

刘国师挥神剑狠戳了几下，那泉水便喷薄而出。此时，正好有一位樵夫担柴而来，刘国师一边饮水，一边叫："好水呀好水！"樵夫正好也口渴，顺势蹲到他身边，手捧泉水饮了起来。水入口中，甘甜如饴。樵夫看了看四周，自言自语地说："我经常从这里路过，从未见过此泉，不知此泉从何而来？"刘国师说："此泉自有来处，饮了必有妙处！"说完使了个隐身法，不见了。

　　樵夫一看眼前说话之人，怎么一下就没了呢? 他奇怪极了，细一思忖，啊! 他就是刘伯温先生。原来，这樵夫是一个落伍隐居的军士，见过刘伯温。他即放下柴担，在泉水边结庐为屋，定居了下来。因常饮此水，樵夫身体强健，红光满面，有人问其原因，他说是饮了刘伯温用剑指的泉水之故。

　　此泉就叫"湘湖泉"。后来许多人因为这甘洌的泉水而在此落户，此处就是现在的金家坞。

萧山湘湖

（《湘湖泉的传说》，流传地区：浙江省杭州、萧山　搜集整理：吴桑梓）

以上都是说破风水的。这类传说占刘伯温风水传说的绝大多数。

北京十三陵是明朝皇帝的陵墓，这是燕王坐北京以后开始修的。这块坟地方圆四十里，三面有山，一面是平川，像个簸箕口向着

北京城。东边有龙山，西边有虎山，峰峦叠嶂，翠柏参天，真是一块好地方。这块坟地是怎么选出来的呢？相传是这样的。

当年燕王修了北京城以后，接着就要修坟地。那时候，皇上一登基就马上得修坟墓，坐多少年龙庭就修多少年。可是修坟就得采坟地。这天，他对军师刘伯温说："你带路，咱们采块好坟地去。"刘伯温一听，这是要修皇陵啊，皇陵得是上等风水好地才行啊，就领着燕王出来了。他们从东走到西，又从南走到北，都没有选中。就又从北往西折下去了。一走走到一个东庄儿。一瞧一片核桃树，还有个黄土岭，风景很不错。燕王说："这儿成。"刘伯温说："这儿不成。"怎么不成呢？刘伯温指了指那黄土岭儿说："你看，这是一片高土，存不住水脉。在这儿修陵，江山可要破败。"燕王一听说江山破败，连忙摇头说："不成。再找一块。"他们又转到西庄。刘伯温拿手一指说："皇上你来往北瞧。"两个人往北一瞧，喝，金光起亮。燕王说："这块可是个好地方。走到近处瞧瞧去。"他俩往前一走，就到了钱粮口。站在钱粮口就看见这块平川地了。他们打钱粮口下来，再往前走，过了个仙人洞，又过了个龙母庄，就到了这个地方。燕王一看，三面环山，坐北朝南，实在不错，他问刘伯温："这回该成了吧？"刘伯温说："不错，这是一块宝地。你打这儿往南瞧，这儿左有青龙山，右有白虎山，左青龙，右白虎，您这脚下正是卧青龙窝呀。"燕王一听，说："好，就在这里安坟!"刘伯温拿出一个腕口大的古钱,就埋在土里了。

(选自《采坟地》,流传地区:北京)

以上是说采风水的。

　　刘伯温功成身退,回到家乡南田,又巧计躲过朱元璋和奸相胡惟庸的毒害,便改着道士装束,悄悄离家,游历江湖,成为江湖的一大奇人。

　　相传,一日他来到罗浮山九潭,与他同行的是僧人打扮的昔日令元军闻风丧胆的彭莹玉将军。刘伯温为啥会来九潭呢?原来,当年刘伯温率军南征来到这九潭时,见这地方不错,但老百姓穷,症结就出在这镇的风水格局上。当初刘伯温当众答应过,待太平日子

北京十三陵

来之后再来帮他们大改镇上的风水格局，让老百姓过上好日子。这次刘伯温就是为此而来。九潭老百姓知道刘伯温来了，大家都很高兴。

刘伯温当年南征时，就反复察看了这九潭地方的地形，九潭背靠罗浮山，每年山洪暴发会直冲九潭。只有引导大家把从众山奔腾而出的山洪给治了，这一方老百姓才能避免常年暴发的灾害，才能安居乐业。

刘伯温把溪水作了之字形的设计以减缓山水冲势，又对九潭的风水格局作了改变。

如今，当地人还称颂说："先生功高盖世却甘于淡泊，不恋高

广东省惠州市博罗县罗浮山

官厚禄却来这里济世救民, 神仙也难比啊……"

从此, 刘伯温再也不曾回过老家。二十年后, 有人在罗浮山的一个旧庙里发现了刘伯温写的一首词《一剪梅》:

征雁来时木叶红,

淡淡秋光, 西风。

江南江北短长亭,

烟草低迷, 落照山中。

浮世生涯一转空,

今日韶颜, 明日衰翁。

万木难挽逝川回,

千古英雄, 此恨都同。

(《留诗罗浮山》, 流传地区: 广东惠州博罗县)

以上是说如何改造风水的。还有是说如何 "防" 风水的, 其实, 这也属于改造风水的一种:

南京城南彩霞街, 过去有一座牌坊, 叫百猫坊。牌坊上雕刻着一百只姿态各异的猫。相传这是朱元璋为了表彰将领俞通海兄弟的战功, 为俞氏家族建造的住宅。

俞通海兄弟三人。老二通源、老三通渊，原是巢湖水军李扒头的部下，水性较好，水上本领大。朱元璋兵占和州时，李扒头在巢湖挨卢州元挞子袭击，想借朱元璋的兵力报仇；朱元璋想借扒头的船，渡江到太平府（今安徽省当涂县）解决吃粮问题。双方凑到一起，肚里都有小九九，各打各的算盘。俞通海兄弟帮助朱元璋实现了取太平的计划，并把巢湖水军带到朱元璋大营，使朱元璋如虎添翼，壮大了声势。俞家三兄弟英勇善战，屡建奇功。功劳最大的要数俞通海。俞通海，字碧泉，他跟随朱元璋破海牙诸寨，克宁国，击败陈友谅，活捉张士诚，功勋卓著，曾被封为平章政事，任过许多军事要职，后在围战平江时，不幸中箭丧命。朱元璋当时抚尸痛哭，并对军师刘伯温、将领徐达等说："碧泉战死，断吾臂也！快快收军，进行厚葬。"

刘伯温、徐达等也泪流满面，阻谏说："碧泉战死，吾等也伤心难受，理当厚葬。只是现时没得工夫，望主公以社稷为重，军不能收，兵不能退！"

俞通源两兄弟也泪流满面，说："主公的厚遇，即使我俞氏兄弟肝脑涂地，也不能报以万一。在这功业垂成时退兵，也不是我哥哥所想望的。"

众人苦劝，说得在理。朱元璋止住哭泣，说："好吧！军师，你记住，日后封赏，当以碧泉为第一。"

　　朱元璋建立了明朝，登基后，就为俞通海举行国葬，追封为虢国公，谥忠烈。封俞通源为南安侯，俞通渊为越隽侯。并下圣旨，命刘伯温当主管，监造一幢漂亮的住宅，赠给俞家兄弟及俞通海后代。

　　刘伯温与俞家三兄弟都是为朱元璋打天下，立下汗马功劳的人。他们在战斗中结成生死之交。现在为俞家办公，刘伯温比办自己的事还尽心竭力。房子盖得高大庄严，雕梁飞檐，灰墙琉璃瓦，气气派派的，除了皇宫，俞家是南京城顶排场的宅第。

　　常言说：树大招风。好房子就不免留下大祸根。奸臣胡惟庸跑到朱元璋跟前禀奏说："陛下为俞家封公封侯，又为通海举行国葬，可谓不薄。如今再给俞家盖那样好的宅第，恐怕……"

　　朱元璋打断他的话说："碧泉功在众人之上，是朕决定这样做的。"

　　奸臣进一步说："这是陛下仁厚。可是，嘿嘿，这恐怕于社稷不利。"

　　朱元璋一愣："为啥？"

　　奸臣鬼头鬼脑地把头凑到朱元璋面前，手指俞家高耸入云的住宅说："陛下，你看，云绕烟笼，俞家住宅有王气啊！"

　　朱元璋一听，沉吟不语。奸臣看有机可乘，进一步挑拨说："俞通海生前德高望重，部下故旧，悉听指挥。如今通源、通渊身

南京城南彩霞街（过去有座牌坊，叫百猫坊）

居要职，俞通海后代又有出息，一旦心怀异志，大明天下就……就不稳了。"生性多疑的朱元璋，听了此话，不由得点起头来，说："你说怎么办？"

"拆房子，破王气。"

说来也巧，就在这当儿，刘伯温来了。一听此话，心里一惊，这房子一拆，俞家不就完蛋了？奸臣会容易放过吗？他想直谏，但一想当了皇帝的朱元璋，已不是当时打天下的朱元璋，搞得不好，连自己也会给连累进去。当下眉头一皱，计上心来，便进入皇宫，向朱元璋说："万岁，臣一时疏忽，致使俞家宅第造得高了一些，臣正是为破除俞宅王气，特来请示万岁的！"

这下可把奸臣的嘴堵住了。朱元璋说："先生有何妙计？"

刘伯温说:"鱼(俞)入海方能成龙,我现在只给它井水。再说,鱼怕猫,我派猫守着,鱼一露头,就被猫儿吞食。这样,就不须劳师动众拆房子,搞得人心浮动,破坏太平盛世的景象。主公以为如何?"

一席话说得朱元璋连连点头,说:"就照先生所说的办吧!"

刘伯温"以井困俞(鱼),以猫看俞(鱼)"的计策得到朱元璋赏识后,就在俞宅周围摆起了所谓"八卦阵"。他命人在俞家门前树立牌坊,刻上一百只猫,牌坊对门挖一眼井,后门建个堵(斗)门桩,再在屋东边筑钓鱼(俞)台,在屋两边设个竿(赶)鱼(俞)巷。他对朱元璋说:"如果有朝一日,这条鱼(俞)破门而出,那么一百只虎视眈眈的猫,就能把鱼咬死。万一逃出猫口,后面堵,东边钓,西边赶,层层防线,定把鱼紧紧围住,不让它得到水,要水只有入井,入井的鱼是成不了什么气候的。"

朱元璋看了俞家永远通不了"海",成不了"龙"的阵势,大喜,赏了刘伯温。至今,还有人说,南京西门外小巷纵横,多曲难辨,就是当年刘伯温为保俞家,糊弄朱元璋摆的"八卦阵"。

(《百猫守鱼》,流传地区:浙江省温州、丽水　搜集整理:黎帮农)

刘伯温传说牵涉风水的传说故事,其实是刘伯温才智过人的反映。

六、呼风唤雨的神人仙师

刘伯温的仙道形象不同于前述的风水宗师、预言家等形象，此类传说夹杂着道教仙道思想。表现仙道形象较为典型的传说是《刘伯温讨封》，其大意是：刘伯温想成仙，需要皇上的口封。为了讨封，刘伯温把一口铁锅架在皇宫门前的一棵树上做饭。但朱元璋就是不封。刘伯温用计让丢钱的兄弟俩抬他去朱元璋面前告状，说自己偷了他们的钱，随后钻进了一口小坛子里。朱元璋不信，把坛子一看，哈哈大笑说："只有神仙才能钻到坛子里……"话还没说完，刘伯温一听讨上了封，一下从坛子里钻了出来，说了声："谢主隆恩!"就化为一股清风飘到终南山去了。

在《刘伯温讨封》中，传播者明显受到道教的影响，他们把朱元璋（皇帝是下凡的天神，具有神仙的神秘力量）视为凡间玉皇，刘伯温想要成仙，就必须得到他的金口玉言。刘伯温在此传说中想方设法地想要成仙，不惜用计骗朱。这种形象特别有趣，其用语和思维，都未受历史书写的束缚与影响，显然出自朴素的乡村野夫之口，因而足以代表一般平民所认知的刘伯温。

此类传说还有如青岛流传的《刘伯温抓山搭海桥》。传说刘伯温与八仙之一的张果老打赌，一夜之间能兴建一座海桥。又如《刘伯温在西海》："相传，六百年前的大明军帅、号称神机妙算的'半仙家'刘伯温先生，至今仍在幽邃莫测的黄山西海仙居着……"再如《刘伯温铁链锁孤舟》等，这些传说中刘伯温往往是一个神奇的神仙或者道士。此类传说，在刘伯温传说群中也是一大类型。

七、建造北京城的设计大师

在北京的民间传说中，刘伯温是作为一个伟大皇城的设计者而被传闻。最为人津津乐道的是《八臂哪吒城》。其梗概是：人人都说北京城是个"八臂哪吒城"，只有哪吒才能镇住"苦海幽州"的孽龙。因此，皇帝要派一个上知天文、下知地理的"能人"去修城。于是刘伯温与姚广孝领旨而去，两人勘察北京地形时，都听到哪吒对他们说："照着我画，不就成了吗？"后来刘与姚相约在西城的中间背对背画，画出了一个"八臂哪吒城"。

涉及刘伯温建城为主题的传说有二十三个之多。如"大青不动、小青摇，三青走到卢沟桥"，就是相传刘伯温建城需要镇住苦海幽州的孽龙，和三块具有降龙伏虎的"神石"之间的一段故事。修完了北京城，刘伯温又修卢沟桥（传说《西便群羊》），请来了中国最有名的鲁班师傅。为了镇住老龙，大明护法军师刘伯温上天向托塔李天王借来宝塔，把老龙镇压在南海子。为了找到能建造北京城的能工巧匠，刘伯温苦下工夫，于是就有了《刘伯温巧遇"木匠王"》。

在这些传说中，刘伯温神通广大，既能上天请求神灵帮助，也能自己施法作事。修北京城最大的难题就是缺水，刘伯温在一只

"五彩大鸟"的启示下找到了传说中的泉水，然后"刘伯温剑劈玉泉石"，解决了北京城里吃水难的问题。

八、手工百业的行业祖师

与一般历史人物不同，刘伯温在民间的形象不仅仅流传在人们的口头上，而且由于民间信仰及刘伯温在温州、丽水一带的深厚影响，浙江南部的手工百业往往托名刘基为其行业的保护神或祖师爷。

1.香菇业保护神。相传种香菇之术为吴三公所创，而刘伯温则为菇民这种行业讨得皇封。《讨皇封》全文如下：

朱元璋做了皇帝，坐在金陵皇宫里，可享福哩！偏偏这年接连数月干旱，真是河川裂底，大地冒烟。这时，朱元璋下了一道圣旨：人人戒荤吃素，拜佛求雨；皇宫御膳，也一律照办。

一天熬过去了，两天也熬过去了。到了第三天，这个平日里吃惯鱼肉鸡鸭的朱皇帝，面对着桌子上的素菜淡饭，无论如何举不起筷子来。他发愁了，病倒在龙床。这一下，可吓坏了三宫六院，急煞了文武百官，他们都求国师刘伯温给出出主意。

刘国师将了将胡须，笑着说："列位放心，皇上的病，我自能治好。"

这天一早，刘伯温亲自捧上一罐热腾腾的"药"去见朱元璋。

他来到龙床前恭恭敬敬地说："万岁龙体欠安，请尝尝老臣从家乡给你捎来的'良药'吧。"

朱元璋看了刘国师一眼，心里骂："要你送什么药？朕是胃口不开，饿的！"便漫不经心地接过罐子。啊，好香！他不由得口水直淌，端起汤罐刚喝了一口。哟，真鲜！随即"咕嘟咕嘟"地一气喝了个精光。这会，朱元璋可来神了，便要伸腿下床。但转念一想，觉得不对，暗忖道："这不分明是鸡汤吗？国师这般大胆，竟敢用这来哄骗我，实是可恶！"便冷笑一声说："嘿嘿，人人吃素求雨，你身为大臣，竟敢用这鸡汤当'药'，前来欺朕！你违朕旨意，该当何罪？"

刘伯温听了，忍不住哈哈大笑："老臣怎敢欺君？这乃是老臣特地从家乡带来的干菜，真正的素净之物呀！"

"干菜？"朱元璋不信，"干菜哪有这等美味？"

刘伯温说："启奏万岁，这干菜老臣还有，万岁不信，老臣可取来当殿烧煮。"

刘伯温当即取来一包香菇，于金殿之中烧煮起来。少顷，金殿内外，一阵阵奇香扑鼻，文武百官无不垂涎三尺，朱元璋一边津津有味地吃着，一边乐滋滋地问："刘国师，这干菜果然称得上山珍，但不知叫什么名称？"

刘伯温说："这是老臣家乡浙江的珍宝，名叫香菇。"

朱元璋连连点头："香菇？果然名不虚传。不错，不错。"接着又对刘伯温说："如此佳肴，何不叫处州府年年进贡，送与寡人食用？"

刘伯温听了，心里想：处州是个穷地方，年年交贡品，还不是苦了百姓，饱了当官的？于是向朱元璋奏道："万岁呀，香菇神吴三公的子孙，世世代代都住在龙泉、庆元、景宁三个县。万岁要让这三县百姓安心种菇，必须轻徭薄赋，责令地方官吏不得盘剥，让种香菇的众百姓也能吃上香菇。万岁如这样广施恩泽，我相信苍天也会降甘霖、灭旱魃的。"

朱元璋心想：这老头儿，借和尚骂秃驴，是说寡人当了皇帝，就不知百姓痛痒了，天降旱灾来惩罚我。转念一想：你为处州百姓讨好，寡人何不做一个顺水人情呢？就说："国师所奏极是。传朕旨意，晓谕天下：处州龙、庆、景三县，专种香菇，地方官府，须加保护，不得为难菇民。"

从此，龙、庆、景三县的香菇，就成了中华的奇宝山珍，名扬天下。直到如今，这一带的菇神庙门口，都高挂着这样一副对联：

朱皇帝亲封龙庆景；

刘国师讨封香菇神。

（流传地区：浙江省青田、温州、丽水　搜集整理：傅瑜　严建民）

因此，刘伯温在浙江庆元、龙泉、景宁一带深得菇民的崇敬，被奉为祖师。凡香菇进棚，均供两个牌位：一为"西洋（庆元县地名）祖殿吴三公之位"，一为"青田刘伯温先生之位"。

2.糖人担的鼻祖。据传，朱元璋为了自己的皇位能一代一代传下去，就造"功臣阁"火烧功臣。刘伯温也难得幸免，逃离途中遇一个肩挑换糖担、手摇拨浪鼓的神秘老人。老人脱下自己的衣衫，跟刘伯温调换道袍，又把换糖担和拨浪鼓交给刘伯温，帮助刘伯温出逃。刘伯温从此隐姓埋名，天天挑着换糖担换破烂。他手艺好，会把糖捏成各种形状，生意很好。挑换糖担的同行见刘伯温会捏糖人儿，生意好，就来拜他为师，跟他学手艺。刘伯温收了很多很多徒弟，天南地北都有，后来就发展成一个行业。所以挑糖人担的又把刘伯温当作他们这个行业的祖师爷。

3.青田鱼灯舞的首创者。传说中，青田鱼灯的发展与刘伯温紧密关联。元末，群雄竞起，刘基为抵御方国珍等袭扰，保乡民平安，暗地招募义兵，并以鱼灯舞形式操习兵阵。刘伯温根据鱼类的特点将孙子兵法中的"一字长蛇"、"二龙出水"、"三才（天地人）和谐"、"四门斗府"、"五虎抓羊"、"六子连芳"、"七星斩将"、"八门金锁"、"九曜星官"、"十面埋伏"等阵法掺和在了鱼灯舞中。刘基为鼓舞士气，在鱼灯行列中特置一盏"金蟾灯"，以表示"蟾宫折桂"，成功在望。经过刘基的整理和发展，增加了灯的数量，丰富了鱼的类型，同时把军事上的阵图大量渗透到舞鱼灯中，在历史的演变中逐渐形成了具有独特军事操习风格的民间舞蹈。在青田民间每逢喜庆节令，村民都要舞鱼灯，表演时以长柄大红珠领队，每人手举一盏鱼灯走各种阵图，举红珠者口吹哨子指挥灯舞。青田鱼灯已成为青田老百姓健身和喜庆活动中不可或缺的民间艺术形式。现在青田鱼灯舞与刘伯温传说一起列入国家级非物质文化遗产，成为青田的地方特色文化品牌，是青田文化中一张亮丽的金名片。

刘伯温在民间传说中的多重形象，反映出不同人群对刘伯温这个历史人物存在不同的认知。这些形象有时相互交融在一起，不能截然分开，其中蕴含着厚重的民众价值标准和情感态度。我们从这一形象的多重性中，可以一窥刘伯温传说在民间百姓中的广泛影响。

[贰]刘伯温传说的价值评价

民俗是存在于人民生活各个方面的约定俗成的方式和习惯，一些风俗事象在长期传承、发展的过程中，与刘伯温传说逐渐结合，从而使民俗文化的光彩更加璀璨。传说一旦扎进丰富多彩的民俗文化沃土，必将开出四时鲜艳、常开不败的花朵。刘伯温传说与地方实物及史实相结合，以独特的意境，自然流畅的叙述方式，塑造了刘伯温作为一位著名的思想家、军事家、政治家、文学家的形象，传达了浙南人民物质与精神文化的方方面面，也反映了我国人民的传统文化心态和审美需求，具有多重价值。

　　1.审美价值。民间传说的刘伯温是一个博学多才、忧国忧民、清正廉明、刚强不阿、疾恶如仇、崇尚俭朴的智囊人物。刘伯温一生为大明王朝的创建立下了不朽功勋。有人将刘伯温与诸葛亮作了比较，诸葛亮无论如何英明，但最终未能使蜀汉政权统一中国。传说中的刘伯温走遍天下，关心民间疾苦，无论民间沉冤、苛捐、疾痛、民居、交通、生产、匠作，处处都有他为民排难造福的踪迹。刘伯温

青田鱼灯

民间故事来自广大的劳动群众，代代相传、经久不衰，反映了劳动人民对正义、友情和美好生活的向往和追求，对善良智慧的赞美，对封建邪恶的憎恨，充分体现了中国传统文化的深厚底蕴。

2.教育价值。传说中的刘伯温少年时期刻苦攻读，为官以后俭朴清廉，是传统道德的典范。他的道德品质是优秀的精神遗产，是属于历史、属于民族的，在今天仍具有教育意义。这些传说在人民的思想生活与文化生活中，是一笔丰厚的财富。其民本思想、义利思想、诚信思想及为官之道和谋事之策至今仍有着重要的现实意义。

3.学术价值。刘伯温传说是刘伯温文化的重要组成部分，具有一定的历史依据和民间线索，能补充正史对刘伯温记载之不足，具有较高的历史价值和研究价值。正因为如此，在2004年由丽水、青田、文成三地联办的刘基文化研讨会，在2006年、2011年中国·青田刘基文化研讨会和国际刘基文化学术研讨会上，刘伯温传说都是专家们研讨的热点问题之一，并取得较为显著的成果。

通过传说印证历史，让刘伯温留芳千古。刘伯温的许多传说都有历史事实的根据，可以作为正史的补充；有些则是以史实作为背景演绎而成的；为了使人物更为理想化，有的还与别的故事、人物进行嫁接。通观刘伯温传说，大体上可以看出刘伯温一生走过的道路和足迹。

民间传说将刘伯温作为半神半人来传颂。作为名人的刘基，是活生生的历史人物；作为神化了的刘伯温，则是幻想虚构的人物。这

有关历史人物刘基的部分学术著述、传记及文集、文选的封面

是一定历史条件的文化基因下民间文学的状貌。在这里，史实是内核，幻想是外壳。内核用外壳包裹，使它永久保存；史实是躯体，幻想是翅膀，躯体添上翅膀，便能翱翔长空。显然，幻想性的民间传说起了史料本身所不能起的作用。刘伯温传说是正史之外的稗史，正传之外的外传，它的光泽是永恒的。

4.资源价值。刘伯温传说是历史人文资源中一份极为宝贵的文化遗产，是青田和文成民间文化的重要组成部分。刘伯温传说故事增添了人文景观的灵性色彩，提升了旅游景区的文化品位，引发人们对景区的迫切向往，从而带动青田和文成旅游业及相关产业的发展。

刘伯温传说是浙南文化的一大特色，它应该为发展旅游业作出贡献。青田石门洞是道教所称的天下三十六洞天之一，文成南田是道教所称的天下七十二福地之一。南田和石门洞，从山水、物产、农作、风俗，乃至气象，都与刘伯温息息相关，是刘伯温传说的宝库。开辟文成、青田两地的旅游业，最有魅力的自然是刘基文化。作为刘基文化一部分的刘伯温传说，最有吸引力的是广大游客喜闻乐见的智慧故事。从旅游经济考虑，在刘基文化上是大有文章可做的。

[叁]刘伯温传说的研究现状

数百年来，在民间口耳相传着许许多多有关刘伯温的传说，像《石室得书》、《西湖望云》、《鄱阳湖更舟》、《筑城之谶》，等等。这些故事在当地农村可谓家喻户晓，妇孺皆知。在百姓心目中，刘伯温能上知千古，预测未来，谶纬术数，扶鸾占卜，可谓无所不精。久而久之，刘基这个历史人物就蒙上了一层神秘的面纱。而刘基的被神化，其始作俑者还是文人。《玉堂丛语》、《龙兴慈记》、《高坡异纂》、《名世学山》等野史皆有"创制"，甚至像《明史》这样的官修正史亦不免以讹传讹。针对于此，明清两代一些治学严谨的学者就不时地对刘基的"神话"加以稽考，以还其历史的本来面目。因此，出现了只注重对历史人物刘基的研究，而对刘伯温传说的研究并不多的现象。

20世纪30年代曾有过一次刘基研究热，后至80年代，刘基再次引起了研究者的注意，到21世纪初形成了一个刘基的研究高潮。一些院校成立了专门研究机构，如丽水学院成立了刘基研究所，浙江工贸职业技术学院成立了刘基文化研究所，温州市、丽水市、青田县、文成县也分别成立了刘基研究会，有关方面还拟成立世界刘基研究会。这些学术团体对刘基进行多方位、多角度的研究，并且研究领域进一步扩大，除了涉及政治、军事、文学等方面，还拓展到刘基文化遗产、人文旅游及现代价值研究等。然而，这些探讨和研究中，史学家主要侧重于对刘基家世生平、著作真伪、文集版本、诗文创作、历史地位等方面的考证，而对民间刘伯温传说的研究相对薄弱。即使有研究也多集中于对传说的形成原因的探讨上，而在对刘伯温传说做全面研究的基础上去阐述其价值与地位方面却鲜有涉

2006年在青田举行中国·青田刘基文化研讨会

及。到目前为止，仅少数几个民间文艺工作者对刘伯温传说进行了搜集整理，做了初步的研究工作。这其中，整理描述的多，分析研究的少。

综观近年的刘伯温研究，大致可以分为两类：

一是用历史的眼光来研究刘基被"神化"的现象，追踪本源，探明历史事实。南京大学周群教授的《刘基评传》"由历史到神话的嬗变"一章中有专门论述。在这方面，毕英春、蒋星煌是研究代表。胡一华和毕春英在《朱元璋与刘伯温》一书中对"神化的刘伯温"也有专门论述。蒋星煌的文章《朱明王朝神化刘伯温的历史过程——兼谈〈烧饼歌〉产生的几何轨迹》，和大多数历史学者一样，主要研究了刘伯温的神化过程及其原因，并探索了著名的刘伯温传说之一《烧饼歌》产生的历史轨迹。

二是民间文艺工作者在全国各地搜集整理至今仍在流传的刘伯温传说。《中国民间故事集成》收录了大量的刘伯温传说。吴孟前搜集整理出版了《刘伯温传说》，周文锋在此基础上整理出版了《智谋大师刘伯温传说》等。浙江省文成县刘基文化研究会编辑出版了《刘伯温研究》期刊。这些书刊普遍停留在搜集整理阶段，对刘伯温传说未做深入系统的研究。

近年，刘基史学研究的兴起，也对刘伯温传说的民间传承带来诸多困惑。一些重视历史史实研究的学者，就不时地对刘基的"神话"加以稽考,为还其历史的本来面目,逐渐把一些与史实不符的传说经甄别后进行剔除。还有一些传说故事用今天的眼光来看,涉及天命论、五行说、风水观、因果报应、生死轮回等观念,因不符合科学规律,被认为是封建迷信,是不足取的,因而从意识形态上被摒弃,在搜集整理时被删除或改编。

[肆]刘伯温传说拓展空间

近年来,刘伯温传说的研究开始受到专家学者的关注,其中最为深入并有较高成就的是美国学者陈学霖教授。陈教授从他的博士论文《刘基:一个中国皇帝的谋士的双重形象》起,就不断深入研究刘伯温传说,而且研究著作颇丰。专著有《刘伯温与哪吒城——北京建城的传说》,在此书中,陈教授揭示了刘伯温建北京城等一系列传说的发生发展之谜,也为我们描绘了一幅北京城里传统中国民间文化流传演变的图景。陈教授关于刘伯温传说的论文还有东瀛刊行的中国预言书述评——刘伯温《烧饼歌》,张中《蒸饼歌》、《铁冠图歌》、《透天玄机》、《刘伯温〈烧饼歌〉新考》、《关于刘伯温传说的研究》和《台湾流传刘伯温谶"救劫碑文"探溯》等。从陈学霖教授的研究来看,他关注的重点是刘伯温传说群中几个影响比较广泛的传说:《刘伯温与哪吒城——北京建城的传说》和《烧饼歌》。他主要用史实来比较分析刘伯温传说中的虚构因素,寻找其产生的根源,但对刘伯温传说的整体分布、流传演变等其他

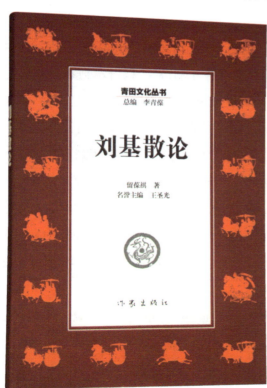

内容涉及不多。

　　对刘伯温传说做深入研究的另一位学者是周元雄，他的硕士论文是《历史书写与民间演绎——刘伯温传说研究》，该文通过对明、清及近代的史料和文人笔记、野史小说和民间文艺工作者搜集的刘伯温传说文本进行认真梳理，在大量占有资料的基础上，对刘伯温传说在历史、文学以及民间流传的形象进行概括，然后再与刘伯温传说现仍流传的地域进行比较，探讨刘伯温传说产生流传的核心。其次，把刘伯温传说与正史、文学作对照，阐述刘伯温传说产生演变的主要原因。并且，在研究过程中呈现民间与官方对刘伯温形象的不同塑造

刘伯温传说故事及研究书籍

和认识，在此基础上，来探讨皇权、文化精神对民俗文化的影响以及三者之间的交流，从而比较系统地阐述刘伯温传说的产生和发展过程。

刘伯温传说作为刘基研究的一个重要内容，在刘基文化研究中得到较好体现。丽水学院胡一华和毕春英等，在《朱元璋与刘伯温》一书中对神化的刘伯温进行了认真考证。在论文集《刘基与刘基文化研究》中也有关于刘伯温传说研究的专辑。其他还有一些篇幅较小的论文，如刘广斌的《刘伯温在北京的传说》，陈胜华的《从民间故事传说看刘基在瓯越俗文化中的地位和影响》等。

刘伯温传说流传已有六百多年的历史。刘伯温是民间智慧的代表人物，是老百姓心目中的理想人物，具有很高的社会科学价值和较大的可拓展空间。

一是目前对刘伯温传说尚缺乏系统而有深度的综合研究。刘伯温传说在民间传承久远、流播广泛，业已形成一种文化。因此，梳理刘伯温传说历时性与共时性的不同形态，对其进行综合研究，并加以深度透视和理论观照，把蕴含于其中深刻的文化价值挖掘出来，就显得很有必要。

二是刘伯温传说已有的研究主要基于历史文献，对口头流传的刘伯温传说重视不够。而口头流传的刘伯温传说其实可以看作是民众"口传的历史"，它在认识古代社会形态方面有着不可忽视的作用。离开了它，我们所见的历史就仅是一小部分不完整的画卷。

　　三是应加强刘基文化与旅游经济发展的综合研究。刘基学术研究与刘基文化研究范畴不尽相同。所谓刘基文化，不仅包括了前者的研究内容，如刘基的军事文化、哲学文化、文学、书法、美术等。除此以外，那些通常为刘基研究学者所不屑一顾的东西，其实也是刘基文化的重要组成部分。如有关刘基的传说，刘基的酒文化、饮食文化，等等。刘基不是神，而是人。学术研究旨在剥去刘基

曾供奉有伯温像的庆元西洋殿

神秘的面纱，还其历史人物的真实面目。但刘基精通天文地理、星象堪舆之术，这也是事实。不可否认星象、堪舆也是学问，它们同样也是刘基文化的重要组成部分，我们不能忽视。学术研究如何服务于经济社会发展，本身就是很值得我们深思的问题。刘基作为我国为数不多的古代文化名人，刘基文化作为一种历史现象的客观存在，毫无疑问也理所当然地应为当前地方经济发展作贡献。

刘伯温传说的传承与传播

作为以口耳传承为主的民间文学，刘伯温传说的生存状况每况愈下，故事讲听者后继乏人。近年来随着各地旅游开发的兴起和对非物质文化遗产保护的重视，刘伯温传说的搜集、整理、研究的热潮正在形成。

刘伯温传说的传承与传播

[壹]刘伯温传说的传承

要使刘伯温传说永远存活于民间口头,传说的传讲人和听众二者都是不可断绝的。所以,保护刘伯温传说的传承人十分重要,只有保护并培养好传承人,刘伯温传说的"薪火"才能代代相传,永不熄灭。

刘锡诚先生曾指出,要对现有的传说讲述者、故事家进行保护,只要他们能讲述他们记忆的传说故事,而且他的周围拥有一些听众,又有讲故事和听故事的环境,那么,传说故事就不会绝种,民间文化的传统就不会中断。只有他们,才是我们阻遏传说故事急速衰亡的指望和保证。政府文化主管部门的责任,是千方百计为这些传承者讲述传说提供良好的社会的、物质的条件,特别是要注重培养讲故事的后继者,注重培养听众。

20世纪80年代以来,经青田县、文成县一批民间文艺工作者的搜集整理,发现了一批重要的刘伯温传说传讲人。

青田县刘伯温传说部分传讲人列表

姓　名	性别	出生年代	文化程度	代表作品	居住地址
季岩方	男	1928	小学	《书凑礼》	青田方山裘山村

续表

陈香岩	男	1938	高中	《奇遇得天书》	青田鹤城镇
王美杰	男	1926	文盲	《磨羊降生》	青田高市外村
周成藏	男	不详		《喜得宝砚》	青田县吴坑乡
季承熙	男	1957	中学	《出山》	青田方山裘山村
项岩松	男	不详		《深山访将》	青田高市外村
季焕章	男	1918	小学	《三试国师》	青田方山裘山村
季正波	男	1957	小学	《倚柱吞金》	青田方山裘山村
徐林才	男	1918	初中	《破壁题字》	青田阜山陈宅村
韦林华	男	1956	高中	《朱笔点青蛙》	青田岭根小吾村
吴泽民	男	1913	大学	《章旦》	青田鹤城镇
周侠雄	男	1949	初中	《岭根埠头无蚊子》	青田鹤城镇
王国福	男	1925	小学	《潮神救刘基》	青田温溪港头
叶汉达	男	1935	小学	《简式宫房的由来》	青田高市外村
潘光华	男	不详		《赔金头》	青田
朱志轩	男	不详		《百里坊》	青田
刘正林	男	1942	初中	主持祭拜活动	青田祯埠岭下

刘伯温传说在青田县的代表性传承人：

叶则东，男，1949年10月生，浙江省青田县鹤城镇人，高中文化。从小喜爱听祖辈讲述民间传说故事，师承民间老艺人叶再岩、叶竹棚等。从20世纪70年代起开始搜集整理刘伯温传说等当地民间故事传说，撰写民俗文化研究文章在各级刊物发表；2007年至

2008年春，先后协助青田县文联抢救、搜集、整理当地风景名胜、石雕故事、风俗民情、名人传说等民间传说故事270余篇，编辑成《青田民间故事大观》（上、下）和《刘伯温传说》。主要作品有：《国师斩恶吏》、《刘伯温与青田鱼灯》、《为朱元璋保媒》、《刘基与青田石》、《石雕寿桃救刘基》、《刘伯温公断争功案》、《怒斩贪知府》、《国师家宴》、《国师饼》、《三元及第》、《腊八粥》、《竹筒饭》、《国师鱼》、《金腰带》、《游子思乡》、《国师豆腐汤》、《四菜一汤》等。

留葆祺，男，浙江青田人，1932年出生，1953年毕业于温州师范，曾任中小学教师，退休后在职校中医专业和老年大学诗词班任教多年。中年以后，师承百岁老人、刘基第十八世后裔刘少峰（1894年出生）先生，口述刘基遗闻轶事，传承讲授《天葬坟》、《菩萨搬家》、《刘伯温访将》、《国师鱼》等故事，反复通读刘基所著《诚意伯文集》和刘老手抄《南田山志》、《南田山谈》。1988年首创全国第一家刘基研究组织——青田县刘基研究会，1991年筹划刘基六百八十周年诞辰纪念，出版论文集，旋即扩充成立丽水地区刘基研究会。1998年因组织刘基研究活动和撰写论文而多次获奖，被丽水市委授予先进科技工作者称号。曾先后四次参加全国及国际刘基文化研讨会，论文在国际论坛上发表。现任丽水市刘基研究会顾问。

陈香岩，男，1937年3月出生，浙江青田人。浙江省民间文艺家协会会员，青田县民间文艺家协会、刘基研究会顾问。师承叶月生等老艺人，代表性传说有《浣纱桥》、《奇遇得天书》、《陈宅布阵歼元军》、《国师茶》等，另有《浅谈刘基与青田的历史渊源》等论文在刘基文化研讨会上发表。代表作《浣纱桥》、《奇遇得天书》被著名明史专家毛佩琦等赞为精品。

李青葆，男，1947年出生，浙江青田人。中国民间文艺家协会会员，青田县民间文艺家协会主席。师承李世满、李庆永等人，代表作品有《神童戏状元》、《岭根驱蚊精》等。曾多次组织村民举办刘基故事会和刘基唱词会，多次组织民协会员到刘基读书地石门洞、出生地南田、为官地南京及江西高安、闲居地绍兴和朱元璋故乡安徽凤阳等处采风，搜集整理了不少资料。曾参与编写《刘伯温传说》和《青田县民间故事大观》（上下册）。

文成县刘伯温传说部分传讲人列表如下：

姓 名	性别	出生年代	文化程度	代 表 作	住 址
刘庭梁	男	1862	小学	《刘氏家谱》《天葬坟》	文成县南田乡
刘德隅	男	1891	中学	《先祖刘文成公拾遗》	台湾
刘兆祥	男	1906	日本警察大学	《刘伯温史话》	台湾
刘宝怀	男	1925	师范学校	《刘基三不朽》《刘基秉公断案》	文成县南田乡

刘显佑	男	1932	师范学校	《半个鸡头一杯酒》	瑞安市
刘育诚	男	1926	师范学校	《枣（早）桃（逃）生》	瑞安市
刘允宽	男	1927	黄埔军校	《三十六座坟》	文成县南田乡
刘守群	男	1937	初中	《刘伯温史话写意》画册	文成县南田乡
刘天健	男	1942	初中	《菩萨搬家》等	文成县南田乡
刘一侠	男	1948	初中	《太公祭》	文成县南田乡
刘体强	男	1948	小学	《奇遇得天书》等	文成县南田乡
陈秀英	女	1968	高中	任刘基庙讲解员，《刘伯温出山》	文成县南田乡
刘秋兰	女	1966	高中	任刘基庙讲解员	文成县南田乡
刘寒月	女	1994	高中学生	《智救众乡亲》	
赵　锐	女	1997	初中学生	《少年奇才》	

刘伯温传说在文成县的代表性传承人：

刘耀东（1877—1951），字祝群，刘伯温第二十世裔孙，南田镇九都村人。刘耀东七岁，其父授以四子书，十一岁已文词不凡，十九岁举邑庠，旋赴处州莲城书院，未几补为郡廪。时其家一门三廪生，乡里传为美谈。光绪二十三年，从学于瑞安晚清经学大师、甲骨文祖师，得名师传授，学业大进。光绪二十八年，与瑞安许养颐东渡日本，入东京私立政法大学学习，同学有胡汉民、李文范、张时夏、朱大符、汪兆铭等，时任留日同乡会总干事，负责接待浙江赴日留学之士。

光绪三十二年毕业归国，授中书科中书，先后受聘为温州府学校讲习。以学识渊博而名闻遐迩，金华府学慕名，与温州府学堂孙治让商允，借聘为金华府学堂总讲习。宣统元年夏当选为浙江咨议局常驻议员，资政院候补委员。民国时任松阳、鄞县、宜兴等县知事，国务院存记道伊，后调任江苏镇江海关道任统捐局局长。他与陈叔通、胡汉民、汪精卫、沈均儒、李维权、余绍宋等同学长期交往，关系甚笃。还与著名大师马一浮，近代教育家、民主革命人士蔡元培，近代鸿儒章太炎，末代状元张謇，中华民国副总统陈诚，浙江省省长夏超，将军杜志远等关系密切，声望颇高。刘耀东于民国八年秋辞归故里，热心公益事业。民国十六年，首事集资修葺诚意伯庙，独资建造文成公上七世祖祠"追远祠"，兴建岭根岭头"云来门"、南田辞岭亭及设立刘文成公祖上墓碑，并在大水桥建"启后亭"，自任启后亭亭长，在此埋头著书立说，编纂印刷了大量书籍。刘耀光一生著述颇丰，著有《刘伯温年谱》一卷，《南田山志》十四卷、《南山谈》一卷，对南田的山水、名胜、古迹、人物、风土、民情等进行记述，是一部文成（青田）最早的地方乡土志。编纂了《括苍丛书》一、二集，计二十六册及《石门题咏录》等。特别是他的日记，自十六岁始至七十五岁止，历经一个甲子，三个朝代，记录了清末民国初至抗战等社会、时事、见闻、生活等，是一部难得的鲜活史料。

　　刘日泽（1948—　　），高中毕业，刘伯温第二十二世孙，文成县百丈漈镇西段村人，现居南田镇。教了二十一年书，在学校担任过少年先锋队大队辅导员、中学团支部书记、乡校校长。1992年调到南田镇任政府秘书、办公室主任。现为南田镇侨联副主席兼秘书长、文成县侨联副秘书长、文成县刘基文化研究会副会长、刘伯温后裔宗亲联谊会常务副会长。能讲三十多个刘伯温传说故事，退休后经常到南田中小学给学生讲刘伯温传说故事，帮助南田镇中小学编写刘基文化乡土教材。先后在《国际刘基文化研究会会刊》、《中国刘基文化研究会会刊》、《浙江儒学天地》、《温州论坛》、《温州日报》、《浙江工贸学院学刊》、《文成报》、文成《山风》、文成《刘基研究》和台湾《星象家杂志》等刊物发表了有关刘基研究文章二十多篇。热衷于搜集刘基史迹，弘扬刘基文化，千方百计寻找搜集刘伯温手迹、佚文、遗物等非物质文化遗产。在南田镇横山村、山甲村和十源乡东步村发现刘伯温撰写的谱序、像赞、题诗。通过努力，共搜集了刘伯温佚文三十多篇，其中有跋三则，题图诗四首，谱序六篇，词四首，七绝一首，像赞一则，诗四首，记二篇，传一篇，对联七副；拍卖行拍卖的书法立轴复制品六幅，刘基与朱元璋续对等。还通过各种关系从上海图书馆复印来刘伯温的《多能鄙事》、刘璟的《易斋稿》、刘廌的《盘谷集》，其中《盘谷集》已由县政协作为县文史资料出版。现在，在搜集编写"新刘伯温传说"，已经编写了十多则，还搜集编写刘伯温家乡药膳，伯温家菜、家酒系列，已经采写了二十多种食谱。同时，搜集了民国前后历代名人赞美南田山水、人物及景观的诗一百六十多首。

刘体强（1948—　），自1970年开始对刘伯温传说产生兴趣，经常从父亲那里学习刘伯温传说故事，并自己开始讲演，至今已有四十年。目前，会讲刘伯温传说故事六十余个，而且经常在小学生、民众中讲演。

[贰]刘伯温传说的传播

综观刘伯温传说的遗存现状，一方面是搜集与研究的热潮正在兴起，另一方面也和其他非物质文化遗产一样，濒临失传的危险。

刘伯温传说在民间主要以讲故事的方式进行传承。随着社会的发展，人们的生活状态发生了很大变化，文化的多元与信息传播方式的多样，农耕文明正在迅速瓦解，特别是互联网时代的到来，文化的传承方式发生了根本改变。作为以口耳相传的民间传说，其生存的状况也就自然会每况愈下。目前，在青田和文成能讲刘伯温传说故事的人年龄越来越大、人数越来越少，听刘伯温传说的人群也仅限于中老年人，人数是越来越少。从普查情况看，青田、文成两县一些颇有影响的刘伯温传说传讲人或相继谢世，或年事已高，能较完整地讲述刘伯温传说的人已不足二十人。而称得上讲故事能手的，已不足五人，传承人队伍青黄不接、后继乏人的状况十分严重。过去那种在茶余饭后、开村民会或小组会前，在井台上、树荫下讲刘伯温传说故事的盛况已几乎绝迹。文成、青田两县于20世纪80年代搜集到的百余篇刘伯温传说，目前尚存活在民间口头的已为数不多，绝大部分已成为"死传说"、"死故事"。

刘伯温传说保护与传承经历两次热潮，一是20世纪80年代，在全国范围内开展民间文学普查搜集，刘伯温传说被重视，一批刘伯温传说被收编进集子；二是进入本世纪以来，各地旅游开发的需求，对非物质文化遗产保护的重视，带动了刘伯温传说的兴盛。

近年来，刘伯温传说研究跟随着刘基研究的兴起而兴盛起来。刘基研究的兴起，一批学者的加入，刘伯温传说的保护工作跟随着兴起，一批有识之士认识到刘伯温传说的文化价值，开始重视刘伯温传说的保护与传承。近年来，特别是刘伯温传说被列入国家级非物质文化遗产名录以后，青田、文成等地将刘伯温传说保护工作列入重要议事日程，在这方面做了不少工作。

对刘伯温传说的搜集整理，今人已做了不懈的努力。在全国性的民间文学三套"集成"中，北京、浙江、江苏、河南、陕西、福建、四川、宁夏卷中，均有刘伯温传说收录。在地方上的民间故事选或民间故事集成中，刘伯温传说更多。据周元雄介绍，《崂山民间故事集》、《昌邑民间文艺学集成》、河北《耿村民间故事大观》等书都有较多的刘伯温传说。较早专门记述刘伯温传说的，是1984年由吴孟前、杨秉正所编的《刘伯温的传说》，其中收录刘伯温传说46篇。

近年来周文锋主编的《智谋大师——刘伯温传说》一书更加丰富，收有刘伯温传说72篇。2007年，曾娓阳主编的《刘伯温的传说》，收入刘伯温传说156篇。这一百多篇，仅是在浙南文成、青田为中心的地域流传的刘伯温传说。

1984年，浙江人民出版社出版了由温州市群艺馆、温州市民间文艺研究会征集，吴孟前、杨秉正主编的《刘伯温的传说》；1984年起，为编纂民间文学三套"集成"中的《中国民间故事集成》而开展的全国性普查，前后持续了五至十年，其中就有大量的刘伯温传说。此后，刘伯温传说的故事选集又陆续出版，如陈晓琴、郑士有编著的《中国仙话——刘伯温的传说》，伍明妹编著的《刘伯温的故事》，等等。

国务院公布、文化部颁发的国家级非物质文化遗产"刘伯温传说"匾

　　特别是青田县和文成县，在20世纪80年代，为编纂民间文学三套"集成"，两县对流传本县及附近地区的刘伯温传说故事进行了较全面的搜集整理。文成县搜集到的刘伯温传说就不下六七十篇，《文成县民间故事卷》收录18篇；青田县搜集到的刘伯温传说也不下六七十篇，《青田县民间故事卷》收录21篇。1998年，文成县风景旅游管理局编辑了一套"百丈漈——飞云湖风景名胜"丛书，其中的《民间故事选》收录刘伯温传说59篇；在此基础上，2005年由周文锋主编、人民日报出版社出版的《智谋大师：刘伯温传说》，共收录刘伯温传说72篇；2006年，由青田县文联和民间文艺家协会编辑、曾娓阳主编、中国文联出版社出版的《青田民间故事大观》，共收录刘伯温传说60来篇；2008年，由青田县文联曾娓阳主编、中国文联出版社出版的《刘伯温传说》，共收录刘伯温传说156篇。文成县刘基文化研究会，目前搜集到刘伯温传说400余篇，结集出版了《刘伯温传说集成》（2011年初，重庆大学出版社出版），收录300篇，是刘伯温传说搜集最多的一次。

　　刘伯温传说搜集整理者列表如下：

姓　名	性别	出生年代	文化程度	代表作品	居住地址
叶中鸣	男	1923	高中	《赠石章》	青田县鹤城镇
陈志望	男	1938	高中	《智收常遇春》	美国
李青葆	男	1947	大专	《神童戏状元》	青田县鹤城镇

续表

叶则东	男	1949	高中	《国师豆腐汤》	青田县水南镇
刘万图	男	1962	高中	《滴水岩岩滴水》	青田县岭根乡
留葆祺	男	1933	高中	《国师床》	青田县鹤城镇
叶兆雄	男	1943	高中	《蜈蚣街的由来》	丽水市
唐宗龙	男	1945	高中	《破爿山之战》	丽水市
董秉弟	男	1940	高中	《定国号》	青田县
刘日照	男			《天葬坟》	青田县岭根乡铁沙濠
杨秉正	男				温州市
周文锋	男				文成县
林建南	男				不详
顾希佳	男	1941		《糖人担的祖师爷》	杭州师范学院

除了出版刘伯温传说集外，文成县着手筹建"刘基文化网"，通过网络传媒来推介刘伯温传说。网站拟定的内容有：刘伯温传说集成、刘伯温传说选读、刘伯温传说赏析、话说民间刘伯温、刘伯温传说研究等。

1.加强组织建设。青田、文成两县分别成立了"刘伯温传说"保护领导小组。青田、文成两县对刘伯温传说相关内容包括传承人进行了一次普查，掌握了一批包括刘伯温传说口述者在内的名单，并确认了传承人的地位。加强传承人队伍建设，建立刘伯温传说传承人数据库。加快抢救民间老艺人，及时保护好刘伯温传说传承的活源头。通过开展培训、交流、比赛，建立一支有较高传讲水平的传承人队伍。

1989年，青田县就成立了刘基研究会，一度中止后，2008年重新恢复组织，并开展相关工作。文成县也于近年成立刘基研究会。这些组织的成立，有力地促进了刘伯温传说的保护、研究与传承工作。

2. 当地政府对刘伯温传说进行有效的保护。文成、青田两县认真组织材料进行申报，"刘伯温传说"得以成功入选省级、国家级非物质文化遗产保护名录。同时，青田刘氏后裔林坑支系保存有明代刘伯温画像，保留着古老而纯朴的祭拜仪式。他们每年正月十四举行"祭太公"活动，经历几百年未间断。近年来，青田县文联、刘基研究会对这一仪式进行记录和拍摄，切实保护好相关活动及其生态环境。

3. 对刘伯温传说进行传承与弘扬。为适应新时代，刘伯温传说的传承需要新的方式与媒介。各地举办了一系列以传扬刘伯温传说为内容的活动。2002年丽水、青田、文成三地联合举办了刘基研讨会，2006年主办"2006中国·青田刘基文化研讨会"，2011年再次举办了"中国·青田纪念刘基诞辰700周年刘基文化研讨会"，并将研讨会论文结集成书。建立刘基文化研究基地，依托浙江大学等国内和省内著名高等院校深入开展刘基文化研究，定期召开学术研讨会，发行刘基文化研究刊物。在中央电视台"百家讲坛"栏目播出《大明第一谋臣——刘伯温》。"百家讲坛"由原国家文物局文物出版社副社长、中国人民大学历史系教授、博士生导师、北京大学明清研究中心研究员毛佩琦先生主讲，包括"迷雾重重"、"宦海沉浮"、"谋士出山"、"神机妙算"、"特殊君臣"、"危机四伏"、"伯温之死"七集。通过"百家讲坛"吸引全国各地群众关注刘基，对刘伯温传说起到较好的宣传与普及作用。编写有关刘伯温传说的剧本，通过拍摄电视连续剧和动漫片，用现代艺术手段传承刘伯温传说；通过恢复越剧、瓯剧、温州鼓词等形式的剧本，用乡土的艺术形式传承刘伯温传说。

　　青田县不断丰富传承的形式，组织材料参加丽水市"处州十大文化名人"评选，刘伯温成功入选，并名列榜首；在县城中心建设刘

2009年青田举行刘基文化讲座

基广场，在广场显著位置建成一座以刘伯温传说故事为内容的浮雕
景观墙；2009年，邀请中国人民大学国学院教授、明史研究专家、央
视"百家讲坛"《大明第一谋臣——刘伯温》的主讲人毛佩琦来青田
作专题讲座。2011年是刘基诞辰七百周年，青田县委、县人民政府为
了纪念这位对青田历史文化进程及青田精神产生重大影响的伟人，
突出人文特色，分阶段组织策划了一系列围绕刘伯温、刘伯温传说
的纪念性活动；进行"千古人豪——刘伯温文化讲坛"的巡讲和录
制，在中国青田网等播放；组织《远见有多远——刘基如是说》的
撰写工作，对刘基著作《郁离子》进行全新的现代解读；组织"千名
驴友伯温少年求学探索游"旅游推介活动；在石门洞"洞背人家、

刘基文化研讨会

伯温古村"建造大型刘基塑像；举办"刘伯温传说"非物质文化遗产传承暨刘基文化研讨会主体活动，组织专家学者们就刘伯温的生平、刘伯温的历史成就、刘伯温与易学研究、刘伯温传说、刘伯温旅游文化的开发等专题进行研讨并形成成果，出版《刘基文化论丛（三）》，为进一步深化青田县刘伯温文化研究，打造全国刘伯温传说研究中心打下良好基础；进行刘基诞辰七百周年大型公祭活动。

　　文成县非物质文化遗产保护中心和县教育局联合编写了《刘伯温传说鉴赏》一书，用作全县中小学乡土教材。此书精选刘伯温传说故事五十来则进行评点，并请漫画家给有关故事配图，图文并茂，小巧精美，学生人手一册，爱不释手。南田中学与文成县非物质文化遗产保护中心联合举行讲刘伯温传说故事比赛，学校还开辟了"读书乐园"，在"读书乐园"的后壁展出三十来则刘伯温传说故

刘基著作《郁离子》封面

事，供学生随时观赏。南田小学校刊《郁离风》选登了《少年刘基的故事》、《伯温的由来》等刘伯温传说故事。

4.加强与刘伯温传说相关的风物的保护，巩固文化传承的具体载体。民间传说中有名胜古迹传说、民俗传说和地方物产传说等种类，这是以刘伯温传说跟有关名胜古迹、民风民俗和地方物产的密切联系为依据的。如刘伯温的名胜古迹传说，有关于浙江武义县俞源村的《刘伯温改风水》，绍兴县柯桥镇北海塘的《粞糠筑堤》，遂昌县十里垄的《伯温泉》，青田县石门洞的《藏书石》，刘基墓的《撕碎坟墓图》，南田刘基庙的《担盐客的故事》，刘基故居的《天葬坟》；有关于安徽黄山的《在西海》，石阜天子岗的《旋马山》；有关于江苏洪泽湖大堤的《刘伯温造堤》，北京故宫的《故宫宫殿九百九十九间半的传说》，河北滦平金山岭长城库房楼的《金山岭钉太阳》，等等。保护好相关的名胜古迹、民风民俗和地方物产，是保护好有关民间传说包括刘伯温传说的前提。文成县搜集到的四百余则刘伯温传说故事中，就有近三分之一是跟有关的名胜、风俗、风物相联系的。文成县编制完成国家级文物保护单位刘基庙、墓的保护规划，并及早实施。青田、文成两地均加快刘伯温纪念馆的建设，做好刘基故里的景区保护开发。青田县投入巨资修复刘诚意伯庙，修缮后的刘府祠保持其原有的风格、布局和规模，做到"修旧如旧"。青田县着重恢复当地已被破坏的与刘伯温传说相关的景点，使其得以更真实地展现。在青田县石门洞景区对伯温读书处传说遗迹进行开发，做好刘伯温文化提升工程，打造以刘伯温传说为主题的4A级景区。在青田县城中心新建的刘基广场，制作了大型浮雕，把刘伯温一生中流传广泛的典型民间传说、具有代表性的重大事件和突出业绩用浮雕的形式表达出来。有选择地增设"刘基故里"的广告宣传牌和广告灯箱，突出对刘伯温传说的宣传。积极争取并加强与刘伯温有关的青田鱼灯舞的扶持与发展。

  5.加强刘伯温传说的运用，进一步促进经济社会发展。地方物产以其独特的风味，最容易得到游客的喜爱，也是重要的旅游资源。如青田县的特产"山（散）粉饺"，用番薯粉和着山芋泥作表皮，内馅为鲜肉、冬笋等，味道极为鲜美，是过去山区农户过年待客的佳肴。因其外形呈三角，寓意三元及第，所以青田人又称它为"三元及第"。这"三元及第"名称的由来，正和刘伯温传说有关。传说当年刘伯温上京赶考，临行前他母亲特地用本地农村的山（散）粉和着山芋泥做了一碗三角棱形的饺子为他送行，预祝他三元及第。后来刘伯温果然金榜题名。从此，"三元及第"就成了青田"山（散）粉饺"的又一名称（见叶则东《浅谈刘基与民间文化的联系》，《刘基文化论丛（2）》，延边大学出版社，2007年版）。我们相信，这"三元及第"除了能得到当地民众的喜爱外，更会得到游客们的喜爱。特别是那些学子，那些学子的家长们，谁不愿尝一尝"三元及第"呢？这

全国重点文物保护单位南田诚意伯庙

样，人们自然就会记起那个表示良好祝愿的故事来。

在确保非物质文化遗产安全和本真性的前提下，通过旅游产业的开发和推动，实行良性的市场化运作是一个很好的保护方式。

浙江武义县俞源村利用刘伯温传说开发旅游业获得了不少有益的经验。据传，刘伯温为俞源村设计了巨型太极河，为俞源村保住了瑞气，避免了水灾，使俞源村历六百个春秋而风调雨顺，永保丰收。俞源村是刘伯温按照天体星相即十二天罡和二十八星宿设计的太极星相村，具有祈福消灾、永保平安的神奇功能。传说刘伯温与俞涞是同窗好友，交往甚密，形同知己，因此才有了刘基为俞源村设计古村落的千古佳话。俞源人就将刘伯温传说与旅游业结合起来加强保护与发展，并取得了较大的成功。

青田县特产"山（散）粉饺"

　　旅游业的发展同时又推动了刘伯温传说的保护与传承。文成南田有个习俗，农历六月廿八，刘姓子孙备三牲祭礼，抬着"廿八佛"（又叫"丽阳大帝"）的佛像巡游。相传当年刘伯温遭奸臣陷害，偷逃出京都，六月廿八，刘伯温逃到瓯江大溪边的一座庙宇中避难。"廿八佛"通过一双靴子救了刘伯温。因此，为了感谢"廿八佛"的救命之恩，刘氏后裔每年农历六月廿八，要举行盛大的巡游活动。后来这个习俗也成为南田大力发展旅游业的重要资源。习俗复现，有关刘伯温的传说故事就自然被民众所颂扬和流传。

　　打造一个刘伯温文化主题旅游线路。青田石门洞是道教所称的天下三十六洞天之一，文成南田是道教所称的天下七十二福地之一。石门洞和南田，从山水、物产、农作、风俗乃至气象，都与刘伯温息息相关，是刘伯温传说的宝库。开辟文成、青田两县的旅游业，最有魅力的自然是刘基文化。作为刘基文化一部分的刘伯温传说，是广大游客喜闻乐见的。

　　鼓励和引导商家打好刘伯温品牌，开发有关国师类的系列产品，进一步加强刘伯温文化品牌保护，注册刘伯温系列商标，不管是产品的品位、质量，还是产品的外包装，都要加强刘伯温文化的标识，体现浓郁的刘伯温特色。以"游伯温故里、吃伯温菜肴"等为内容，进一步提升刘伯温文化旅游的附加值。

　　总之，当我们有意识地将有关名胜古迹、民风民俗和地方物产

浙江省武义县俞源村

作为旅游资源加以合理利用时，当这些旅游资源的潜能得到了充分开发时，那么，与这些名胜古迹、民风民俗和地方物产紧密相关的刘伯温传说就能焕发青春，永不衰亡。

青田石门洞刘伯温读书处

参考文献

1. 《刘伯温与哪吒城——北京建城的传说》，陈学霖，生活、读书、新知三联书店，2008

2. 《新增刘伯温年谱》，郝兆矩，中州古籍出版社，1990

3. 《刘基事迹考述》，杨讷，北京图书馆出版社，2004

4. 《刘基评传》，周群，南京大学出版社，1995

5. 《千古人豪刘基传》，吕立汉，浙江人民出版社，2005

6. 《风云国师刘基传》，郭梅、毛晓青，上海远东出版社，2008

7. 《刘基文化研究论丛（1）》，丽水师专刘基研究所、文成县刘基文化研究会，延边大学出版社，2002

8. 《刘基文化研究论丛（2）》，丽水学院刘基研究所、青田县刘基研究会，延边大学出版社，2007

9. 《刘基与刘基文化研究》，何向荣，人民出版社，2008

10. 《刘基与朱元璋》，毕英春、胡一华，西北大学出版社，2005

11. 《中国民间故事集成》，中国民间故事集成全国编辑委员会，中国 ISBN 中心出版

12. 《关于刘伯温传说的研究》，陈学霖，《北京社会科学》，1998

13. 《历史书写与民间演绎——刘伯温传说研究》，周元雄，温州大学学位论文库，2005

14. 《刘伯温传说》，曾娓阳，中国文联出版社，2008

15. 《刘伯温传说研究》，陈松林

后 记

　　脍炙人口的刘伯温传说是浙南文化的一大特色。努力挖掘、探究刘伯温传说的现实意义，教育今人，激励后人，乃是我们地方文化工作者义不容辞的责任。浙江省文化厅启动第二批《浙江省非物质文化遗产代表作丛书》的编纂工作，青田、文成两县立即响应，并开展相关工作。

　　刘伯温传说的保护涉及两个保护地，分别是青田县与文成县。经过协商，由两县各自完成底稿，交专家统稿。这样可以相互补充，使内容更加全面科学。2010年末，两县各自完成初稿，由杭州市群艺馆林敏负责统合。

　　当我们着手编著此书时，发现刘伯温传说的编写极其艰难。"难"处主要有三：一、此书探讨和介绍的，不仅是刘基故里所流传的那部分刘伯温传说，而是遍布全国各地的刘伯温传说。我们目前从全国各地搜集到的刘伯温传说已达四百多篇，还远未搜集完，刘伯温传说又不像《白蛇传》等虚构的人物传说那样故事较纯粹，脉络较清晰，而是涉及各个方面的特点，极难梳理归纳。二、要想将刘伯温传说推介出去，就必须先对刘伯温传说进行全面、深入的思考和研究，搞清历史人物刘基与传说人物刘伯温的区别和联系，探明刘伯温传说的口传历史情况，揭示出刘伯温传说的鲜明特色，挖掘出刘伯温传说的固有内涵和文化价值。而目前的状况是，人们多的是搜集整理，少的是理论探究，可供参考的资料缺乏。三、本丛书的定位又是"普及性读物"，除了要让专家学者认可外，更得让普通读者喜欢，因此，学术性的作品需要用通俗易懂的语言进行阐述。

比较欣慰的是，在本书的编撰过程中，得到了许多学者、专家的指点。南京大学文学院博士生导师周群先生虽公务繁忙，但还硬是挤出时间为本书作序，并从学术角度进行了很到位的评述；文成县的文本得到温州大学黄涛教授多次指导；杭州师范大学丁东澜教授将全书细读一遍，分别从学术观点和叙述方式两方面作了详尽的审评，在充分肯定成绩的前提下，也提出了不少具体的修改意见；温州大学图书馆的万军热心搜寻有关资料；丽水学院吕立汉教授和杨俊才教授是刘基研究专家，对青田县的文本编撰给予认真指导，提出了许多宝贵意见；远在大洋彼岸的陈学霖教授是专门从事刘伯温传说研究的学者，他特地从美国寄来资料，稿子中许多观点与材料就来自陈教授的研究成果。

此书的完成，也离不开领导和朋友的支持与帮助。文成县人大常委会主任徐世征先生、县人大常委会原副主任陈永造先生、文化局刘军局长、县人大代表工委胡正选副主任、县文化局纪委书记兼文物馆馆长张璐先生和县非物质文化遗产保护中心副主任郑文清等，为本书的编著，或提供物质帮助，或提出修改意见。青田县委常委、宣传部长李飞林先生，多次过问书稿进展情况，并提出宝贵意见。还有青田县文化局局长陈炳云先生，青田县非物质文化遗产保护中心项一伟等都给予大力支持。浙江省非物质文化遗产保护中心主任王淼以及周芳，为此专门召开协调会议，提出指导意见并进行协调。如果没有他们，本书将难以顺利完成。同时，特别感谢杭州市群艺馆林敏，在百忙之中，认真审读稿子，对两稿进行统合。

　　文成县新闻中心雷忠义、文成县非物质文化遗产保护中心郑文清、青田县文物管理委员会主任王友忠及摄影家郑承春、林健、李开文、陈东海等，热心地为本书提供照片资料，在这里一并致谢。

　　因编撰者水平有限，加之刘伯温传说故事众多，特点难以概括，形成过程等都还有待进一步考证，本书遗漏与不足之处自是难免，不当之处诚请专家、学者及广大读者批评指正。在我们的共同努力下，相信刘伯温传说会得到有效的保护与传承，焕发出它不朽的魅力。

特约编辑：张德强

责任编辑：方　妍

装帧设计：任惠安

责任校对：朱晓波

责任印制：朱圣学

装帧顾问：张　望

图书在版编目（ＣＩＰ）数据

刘伯温传说 ／ 陈炳云主编；叶和君，曾娓阳，陈胜华编著. —— 杭州：浙江摄影出版社，2012.5（2023.1重印）

（浙江省非物质文化遗产代表作丛书 ／ 杨建新主编）

ISBN 978-7-5514-0106-7

Ⅰ.①刘… Ⅱ.①陈… ②叶… ③曾… ④陈… Ⅲ.①刘基（1311~1375）—生平事迹 Ⅳ.①K827=48

中国版本图书馆CIP数据核字（2012）第103078号

刘伯温传说

陈炳云 主编　叶和君　曾娓阳　陈胜华 编著

全国百佳图书出版单位
浙江摄影出版社出版发行
　　　地址：杭州市体育场路347号
　　　邮编：310006
　　　网址：www.photo.zjcb.com
经销：全国新华书店
制版：浙江新华图文制作有限公司
印刷：廊坊市印艺阁数字科技有限公司
开本：960mm×1270mm　1/32
印张：6.75
2012年5月第1版　2023年1月第3次印刷
ISBN 978-7-5514-0106-7
定价：54.00元